從自我出發，寫一個對你（和世界）意義重大的研究計畫

WHERE RESEARCH
BEGINS
研究的起點

Choosing a Research Project That Matters to You (and the World)

Thomas S. Mullaney | Christopher Rea
墨磊寧 | **雷勤風** —— 著

許暉林——譯

【目錄】

第一部分

成為「以自我為中心」的研究者

第二部分

超越自我

引言

　　二十一世紀初，我們還在讀研究所的時候，被指派教授一門研究方法的課程。這門課是我們系上大學部必修課，理論上應由教授親自授課，可是實際上，所有的教務都是由我們負責。我們得從頭開始設計課程內容，幾乎未獲任何指導。唯一的要求就是，每一名學生在學期結束前要交一份研究提案——一份詳細的攻略，概述他們的研究想要探索並回答的具體問題、會使用到的資源，以及這份研究可能會帶來的意義和影響。

　　我們兩人合力擬定了一學期的計畫，學生們可以藉由這份計畫，在相對短的時間內發展出一完整的研究。我們借鏡自身經歷（包括大學時期，還有當時剛起步的年輕學者生涯的經驗），把一切整合成一幅步驟清晰的流程圖。我們認為，這份計畫已經涵蓋一切：處理第一手資料、做筆記、編寫一份第二手資料註解書目，提出假設，課題結構大綱，並總結研究的可能帶來的影響。

　　按照我們的教學計畫，每一名學生都能按部就班地完成，最終整合為完整的論文。

　　至少我們是這麼認為的。

　　沒想到，麻煩來了。課程一開始，我們的計畫就失控了。我

們兩人每週都會見面交換意見，而我們也留意到一個令人不安的模式：儘管有我們這「輕鬆上路的流程圖」，學生卻還是陷入困境，他們甚至開不出車庫，更不用說按照我們的規畫來一場橫跨全國的旅程了。我還沒弄清楚研究主題，要怎麼建立參考文獻？我的興趣廣泛，但不知如何提問——我要怎麼提出正確的問題？我連問題都不知道是什麼，那我的問題要怎麼樣才算是「有意義的」呢？我閱讀了一份資料，也覺得很有趣——但我應該怎麼提出論點？

半學期過去了，大多數學生仍未決定一個能讓他們感到雀躍的提案。進度嚴重落後。如果沒有一個要研究的問題，他們要怎麼「深入挖掘資料」或「形成一個假說」呢？如果他們不確定自己的熱情是什麼，他們怎麼可能把熱情轉嫁到研究裡？

一些學生選擇妥協，選擇了並不特別感興趣的主題，然後如實地依我們的規畫去進行。但很明顯，他們之所以選擇這些主題，只是因為他們必須選擇。隨著截止日期逼近，學生和我們的焦慮與日俱增。

從後見之明來看，我們犯的錯誤很明顯：我們忘了研究過程中最具挑戰性的部分，是在開始之前的部分。也就是當你還不知道要問什麼問題，或是要解決什麼課題的時候。研究的過程不是在你確定核心問題之後才開始。研究的過程是在你還不知道你要研究什麼之前就開始了。這正是研究這件事所具有的根本性反諷意味，卻沒有任何研究指南教你如何應對。

本書是我們共同教學多年的經驗，以及多年來不斷反思後的

結晶——當我們試圖幫助一群擁有卓越能力又積極的學生展開研究旅程時，我們卻遭遇了困難和挫敗。我們發現：很多書籍都介紹過「研究過程」，為已經知道自己的問題或課題所在的研究者提供了詳盡的解釋，然而，沒有一本書能協助學生在開始階段釐清他們的問題與課題究竟是什麼。這些書清楚解釋了如何擬訂大綱、寫下初稿、修訂、引用資料等。這些書可以有效地教導年輕的研究者如何確定適當的研究計畫規模，即使你已經知道方向，它們也能幫助你保持在正軌上。然而，這些書完全沒有教你在尚未清楚自己要去哪裡之前，應該先做些什麼。沒有一本書教你該從何處入手。

為什麼有那麼多有關如何進行研究的著作，卻幾乎沒有一本能教你找出自己要研究什麼呢？這並不難解釋。我們總假設，多數人已經知道自己的「熱情所在」，只需要跟隨它即可。我們想像，「熱情」是每個人都已經擁有，而且也已充分意識到。

本書提出截然不同的看法。雖然我們相信每個人都有熱情，但我們並不認為，每個人都明白自己的熱情是什麼。有些熱情我們無法用言語表達出來。甚至有些很可能是我們自己完全沒有意識到的——或許是因為我們並不十分了解自己，或許是因為我們從未意識到自己的某些好奇心和在意的事「也算是」一種熱情。更加令人困惑的是，我們有時會錯認真正寄予熱情之處。這種情況比我們所以為的更是常見。畢竟，我們所有人都生活在外界期望（社會、文化、家庭、現實、想像等）的包圍下，很難不將外界期望視為自己的期望。我們選擇了捷徑，而非學習內省或自我

信任的方法：我們接受他人的熱情，並盡可能地假裝這是我們的熱情所在。

換句話說，當我們面臨「從何處著手展開研究」的問題時，我們大多向外界尋求驗證，任其他人來設定我們的方向。然而，研究的起點，是研究者確定其內心所抱持的課題，並找出如何解決的過程。這是我們在教授第一堂課時並未體認到的。我們在無意中讓學生錯失了寶貴的學習經驗。如果有更多時間進行內省，他們將會擁有更有意義的研究體驗。

將近二十年後，我們再次聚首，以彌補當年的不足。本書是我們希望幾十年前就開始教授的課程。我們將這本書的指導原則稱之為「以自我為中心」（self-centered）的研究。

以自我為中心的研究：一種主張

在這本書中，我們提倡一種「以自我為中心」的研究方法。我們著重於研究過程的早期階段，提供各種方法和思考方式，幫助啟動研究旅程，並指出對你而言極其關鍵的課題。

什麼是「以自我為中心」的研究（self-centered research）？以及，為何要進行這樣的研究呢？

首先，讓我們釐清這個名詞所包含和並不包含的意思。

「以自我為中心」的研究包括以下內容：

1. 一種研究實踐，強調從當下角度展開研究旅程的重要性，

並在整個過程中與你自己保持密切聯繫——保持對你的直覺、好奇心和偏見的關注。身為一名「以自我為中心」的研究者，意謂著你要隨時保持內心平衡，避免因為想取悅他人而去追求一些你其實不感興趣的主題和問題。

2. 一種**研究倫理**，包括有意識地承認並評估自己做為一名研究者的能力和局限性。它必須保持心念集中：了解自己是誰，聆聽自己的直覺，即使聽起來很天真或表達不清楚，也要相信它們，並在研究過程中不斷淬煉提升。

3. 一種**心態**，肯定你的想法、假設以及關注的事對於塑造你的研究方向的價值。這種心態認為，你愈早找出身為研究者的重點和動機，就能愈早發現一個對你自己和整個世界而言都深具意義的研究課題。但無論這個研究課題對外界有多大的意義，**身為研究者的你，應該最先對自己的研究課題具有深切的關懷**。

既然我們已經說明何謂「以自我為中心」的研究，現在，我們來釐清什麼**不是**以自我為中心的研究。

以自我為中心的研究不是指放任（或膨脹）自我。以自我為中心並不等同於自我陶醉、自我迷戀、自我揄揚、自我耽溺、自我放縱、自我關，也不等於自私自利。

反之，以自我為中心的研究者是會反思的，而且習於自我批評；對自己的興趣、動機和能力誠實且深入地探究；同時也具有足夠的開放性和自信，來評估他人觀點的正確性。這意謂著要有

能力挑戰固有的智慧，包括你可能在不自覺情況下帶有的缺乏理據的想法。

以自我為中心的研究也不是自傳。它並不代表你寫的學期作業、文章、報告或書籍，將講述你的人生故事，或是你製作的每一部紀錄片或繪畫，會是你的自我寫照。

就如同傳統的研究方法，以自我為中心的研究方法的最終目標，是希望研究者以理論為基礎、以實證為依據，針對我們周圍世界的某些領域提出具說服力的學術成果，並且以一種能改變他人想法的方式進行。然而，為了確定並解決真正對他人有意義的課題，以自我為中心的研究過程堅持認為，這道課題必須首先對你自己具有重要性。

換句話說，卓越的學術研究的先決條件是，你的研究重點不能僅是一時的興趣、一個「好點子」，或者是由別人指定的。

我們會帶著你走一次問題形成的過程——而這些問題是你所關心的——並向你展示如何透過你的熱情及付出，讓這些問題變成其他人也關心的。

以自我為中心的研究是最好的研究

研究最令人驚歎，但也令人敬畏之處在於：理論上，你可以對任何事物進行研究。

從哪裡開始？

答案是，就從你此時此刻所在的地方開始。

　　本書的核心有兩項主張。首先，如果你從一開始便掌握到一些關鍵方法，研究可以成為一種改變人生的體驗。其次，展開一項研究計畫的最核心之處，就是找出你的中心所在。研究不僅是解決課題的過程，也是發現你和其他人都尚未發現的課題的過程。這是一個可以產生自身動力，激發出源源不絕的靈感的發現、分析和創造的過程。深層次的課題唯有透過自我信任、接觸第一手資料和時間才能顯現出來。只有你——而不是其他任何人——可以告訴你應該研究什麼。回答「要研究什麼？」這個問題，也意謂著需要勇敢地面對自己。

　　可是，如果你是唯一能回答「要研究什麼？」這個問題的人，那麼為什麼還需要讀這本書呢？

　　這是個好問題。

　　我們並不是宣稱擁有能產生研究計畫的祕訣。我們無法告訴你該研究什麼。我們能提供的是可以加速產生過程的具體方法，讓你提出問題，進而引導你發現潛在的研究課題，然後將其落實為研究計畫。

　　因此，本書的目的是幫助你創造理想的條件，點燃你的思維之火——借用美國爵士樂鼓手布迪・瑞奇（Buddy Rich）用以形容天才的一句話：「自燃的火焰」。它同時會向你展現如何在複雜、不確定和模糊的情況下保持平衡和清晰。它還會教你區分出無效的不確定性——即當你走錯路時，應該轉身回頭——以及極有效的不確定性——即當你感覺迷失方向時，你的內在直覺和智慧鼓勵你繼續前進的情況。

　　如果你正在尋找第一個研究主題，我們將協助你著手進行。如果你已經有很多好的想法，不需要我們的協助來醞釀出問題，我們將幫助你找出哪些想法和問題值得投入時間。如果你已經有一個明確的計畫，我們將教你如何深化並優化你的研究，以揭示你還不知道但仍存在的可能性。若你已是資深的研究者或教師，你會在這本書中找到一種研究哲學和完整策略，你可以與學生分享，甚至用來精進自己的實踐過程。

　　本書的設計理念首重實用，為的是提供具體、經過驗證的方法，以提供以下協助：

- 選擇一研究主題；
- 將這個主題轉化為一系列具體且吸引人的問題；
- 發現隱藏在你的問題背後的課題——而你的問題，便是由此課題促發而來；
- 處理你可能對主題存有的假設、偏見和先入為主的觀念；
- 清楚說明這個課題所涉及的深層關懷，並在面對眾多研究興趣以及關注的重點時做出輕重緩急的選擇；
- 聯繫並尋找和你進行相同「主題」（即你的「主修」或「領域」）的研究者社群；
- 發掘並注記在你研究領域之外的相關研究社群；
- 找到對你的研究有所幫助的資料；
- 利用找到的資料精進你的問題（尤其在初步研究階段）；
- 處理心理障礙，在關鍵的早期研究階段保持動力，因為在

這個階段很容易感到迷失；

● 身為一名研究者，要靈活、敏銳、機智並充滿動力。

　　無論在哪些領域，都少見這些能力訓練。儘管我們在此使用的是學術語言——談論著報告、論文、學生、課程和教師等——這些能力對各種領域和職業來說，都是基本而且重要的。此處介紹的想法和練習，在商業、科學、新聞、藝術、設計、工程、創立社群和創業等領域均可應用。本書所描述的能力是研究的基礎，意謂著無論你的研究領域或研究專業程度如何，對你都有所幫助。

如何使用本書

　　不論你的研究背景為何，以下是使用本書的關鍵：

● **隨時寫作**。這是我們的首要建議，因為你最重要的工作，便是記錄自己的興趣、假設、課題和想法，我們稱之為「自我反思紀錄」（self-evidence）。本書概述的過程並不是只要在你的腦海中完成，在諸多練習中，你會需要一份書面紀錄來保留你的想法。你可以用任何工具書寫：便條紙和筆、數位工具、餐巾紙、白板或黑板。你將會一再回顧這些自我反思紀錄。盡量多寫，寫得多會比寫得不夠來得好。（有關為何要盡量多寫，我們將在下文的第一個練

習中說明。）

- **必要時重複練習、閱讀並書寫**。本書中的所有內容都是設計成可以重複進行的，特別是當你⋯⋯

- **將這些練習應用在研究計畫**（若你還沒有研究計畫，也不必擔心！）我們提供了一些範例，但是唯有將書中提及的概念應用到自己的研究上時，才能實現你的目標。

本書中同時穿插著三個反覆出現的部分，提供在研究不同階段中，將想法付諸實踐的方法：

- 現在就試試
- 常見錯誤
- 智囊團

現在就試試

在本書的每個章節中，你都能透過實踐練習和技巧來實現特定的目標，包括形成問題、精進問題、發掘和你的問題有關的模式，以及確認驅動你的研究的課題。我們相信，不同的方法對不同的研究者都會有實際的幫助，因此我們提供了各種各樣的練習。所有的練習都依循一套核心原則，包括：

- 專注、不帶偏見的自我觀察；
- 允許並鼓勵自己將不清楚、不確定和不周延的想法大膽地

表達出來；

● 把想法寫下來。

　　我們鼓勵你通讀本書，但你也可以以選讀的方式進行。研究是一個持續不斷的過程，而非線性單向的。同樣地，這本書也設計成可重複閱讀。無論你是否在第一次閱讀中按順序完成所有練習，唯一能從我們的建議中獲得幫助的方法，是確實完成書中的練習，並如上所述，將想法寫下來。

　　所有這些不間斷的寫作，目的是創造出我們所稱的「自我反思紀錄」。你可以將此紀錄視為線索，幫助你找出研究者在此早期階段必須回答的關鍵問題的答案：我為什麼關心這個主題？這個主題中的哪些方面讓我認為能揭示某些更大的問題？為什麼這筆第一手資料引起了我的注意？為什麼在我可以研究的所有可能主題中，我一直回到這個主題上？我的課題是什麼？

　　我們認為，自我反思紀錄是一種很有用的筆記的方式，可惜許多研究者都忽略了這一點。也許他們視其為「自我探究」（me-search）日記的一種形式。人們認為，這種主觀的、軼事形的資訊，可能會在有人製作關於你的研究計畫的「幕後製作過程」紀錄片時派上用場，但它並不是真正的研究。我們卻不這麼認為，我們猜想，抱持這種偏見的研究者，或許可從更多的內省中受益。

　　我們主張將內省做為研究方法的一部分習慣。在「以自我為中心」的研究過程中所產生的自我反思紀錄，類似於經驗豐富的

研究者在閱讀第一手資料、進行訪談、進行民族誌田野調查或抄錄文獻資訊時經常會製作的筆記。我們稱之為「自我反思紀錄」，意謂著在研究的早期階段，這些筆記的價值將遠遠超過記錄事實、引用、觀察，以及你對周遭世界的其他反思。它們將為你自身提供反思紀錄。有了這些線索，你將能夠發現你內心隱藏的問題及課題。在研究過程的早期發現它們，不僅可以節省時間和挫折，更重要的是，你更有可能找到適合自己的研究計畫。

常見錯誤

在每一個「現在就試試」的練習後，會列出犯錯列表。而這些錯誤大致可分為以下三種類別：

1. 拒絕展現自己脆弱的一面
2. 拒絕聆聽自己的聲音
3. 不把想法記錄下來

當我們引導其他研究者和學生進行這些練習時，我們發現，要避免自我防衛的衝動（即防禦性）以及聽從想像中的權威的聲音有多麼困難。這些聲音會推動某些研究方向，卻也會抑制其他方向。

這些壞習慣會在無意中成為內省的障礙。了解常見的錯誤，我們就能更容易避免這些衝動，並專注於非批判性的自我觀察。在這個過程中，記錄想法是必不可少的，因為這些書面紀錄將成

為自我觀察的基礎，有助於研究順利進行。不要試圖在腦中記住一切。洞察力可能轉瞬即逝。而且，正如我們一再提醒你的，不要等到最後。現在就把你的想法寫下來。

智囊團

　　有時候，你可能會發現，將自己的想法和聽眾討論非常有用，這些聽眾可以是老師、指導者、朋友、同事或其他諮詢者。我們建議你採用特定方式來進行這些談話。智囊團是有助於你獲得對自己的想法和作品的不同觀點，你得以跳脫自我的思考模式。他們可以幫助你發現一開始沒有想到的思考面向，或是發現你的思考中無意識展現出的傾向。智囊團可以幫助你自我反思，做出更好的決定，因此我們建議你在研究過程的早期階段就與信任的人談話，並培養成習慣。最終，以自我為中心的研究過程，將使你成為自己的智囊團。

　　每一次徵詢他人意見時，都必須留意一重要事項。在研究的早期階段，老師、指導者或其他權威人士對於「可以」或「應該」從事什麼研究的友善建議，可能會對還處於早期研究階段的研究者產生重大影響。萬一你感到迷失，或尚未確定你剛萌芽的想法有什麼價值，那麼你的主管、老師或諮詢者的建議（特別是主導性強的人），可能會讓你感覺像是在命令。或者這也有可能成為你的備案：「我想不出更好的，不如就跟著做！」一個友善的建議看似是一種加快進度的方式。一旦你跳過了所有混亂的內省過程，直接採用你所信任的諮詢者告訴你的所謂重要意見，那

會不會更好呢？不幸的是，這麼做可能會壓抑你的想法，而且會帶來反效果。

　　身為指導者，我們曾見識過許多學生向我們提出最初的想法，而他們也確實理解自己的想法，卻在幾個月後創作出一篇我們覺得並不是他們真正有興趣撰寫的論文。其結果通常不盡理想。研究的目的不在於退縮，而是向前邁進——冒險去發現或創造出一些原創事物。指導者可以提供意見，讓你免於走別人已經走過的、導向同樣結論的一條路。但是，當學生帶著他的研究計畫前來並詢問道：「這是你想要的嗎？」此時，一名真正的指導者向來的回應都會是一致的，並且反問道：「這是你想要的嗎？」

　　根據我們的經驗，如果一個研究相關的問題不是你真正有動力想回答的，你會發現要好好做、甚至完成，簡直是一大挑戰。因此，在與你的智囊團面談之前，甚至在深入研究資料來源之前，請按照本書第一部分中的步驟，先探索你的內在。

先向內探索，再向外拓展

　　啟動一個研究專案的二部曲分別為先向內探索，然後向外拓展。第一部分帶領你進行向內探索的過程，成為以自我為中心的研究者。你將反思自己所擁有的經驗、興趣、優先順序的考量和假設，並評估如何在制定研究方向時最有效地利用它們。這個過程超越了傳統的腦力激盪，因為它會評估你的價值觀。它涉及區

分對你而言不重要、你認為對你很重要，以及真正對你重要的事情。

我們認為，在借助研究社群的智慧來實地測試你的想法之前，最好先展開這個過程。想法很多，但並非都具有同等的價值，即使在你的研究的早期階段，你也必須謹慎評估應該讓哪些想法影響你的計畫。權威人士也很多（同樣地，並非每一位都具有相同的優點），在這個脆弱的階段，當你還不太確定自己想要做什麼時，他們可能對研究的方向產生不當的影響。

在成為以自我為中心的研究者方面，經歷這些步驟後，你將準備好根據研究社群的問題、方法論、理論、標準程序、假設和集體經驗，來測試並改善研究構想。第二部分著重於這個向外擴展的過程。它幫助你在探索研究社群（這些社群通常被稱為「領域」和「學科」）的複雜過程中保持清醒，並協助你識別可能不在你的領域內，但對類似課題感興趣的研究者，即我們所謂的「課題群體」（Problem Collective）。領域和學科往往可以透過其系所、協會、期刊和學位來識別。課題群體則不太容易辨認，在本書中它是一個關鍵概念，會在第二部分的開頭做介紹。

現在就試試：馬上寫下來

目標：讓寫作在研究構想產生的過程中，成為習以為常的一部分。你可以從記錄研究的想法、推測和目標著手，即使你還沒有一個完全成形的研究計畫。

　　此時此刻，便是開始寫作的時候了。沒錯——現在，就在這裡，在這個頁面上。

　　如上所述，這是一本工作手冊，而非大賽前用來鼓舞士氣的演說，不是戰鬥的序曲，也不是一堂需要你被動接受的課程。我們撰寫了本書的一部分，但這本書最重要的部分，將由你在閱讀過程中完成。把這本書當作指南、參考手冊和繪本。在書頁的邊緣寫下你的問題、想法以及疑慮。用底線、螢光筆和折角標注出來。

　　本書的每一個章節，包括此處的引言，都附有寫作活動和練習，這些設計，正是要你在仍在思考研究目標、優先順序和計畫的同時，便能開始寫作。正如本書一再強調的，研究不是線性的過程，因此你現在書寫的內容，並不是「寫作前的準備」，淨是些廢話，之後都要拋得一乾二淨。反而是核心研究過程的一部分，事涉形成想法、記錄想法、反思想法，根據新資訊加以精煉，並不斷尋求更好的提問方式和表達方式。

　　你在閱讀本書的過程中所寫下的紀錄，都將透過以下方式來協助你的研究過程：

- 逐步成為你的想法的紀錄，即你的「自我反思紀錄」；
- 不斷地將你的思想向外在擴展，有助於你記憶，並對研究伙伴也有所幫助；

- 透過研究早期階段不同類型的寫作風格，逐步建構你的研究計畫；
- 讓寫作成為研究過程中的日常習慣。

　　因此，在以下的空白頁面中，你可以寫下目前你想透過研究計畫達成的目標。你感興趣的主題或問題是什麼？對你來說，「成功」是什麼？你的理想研究結果是什麼？記住：沒有任何壓力。你只是在為自己寫作。

常見錯誤

- 為別人而寫。在這個腦力激盪的過程中，你沒有必要做到令人刮目相看；不用刻意聽起來很重要的樣子；也無需解釋你的目標。只需寫下你認為你想研究的內容即可。

成為「以自我為中心」的研究者
Become a Self-Centered Researcher

　　本書的第一部分將引導你找到核心的研究問題，並將這些問題與你心中最關注的事結合在一起。這些問題及你所關注的事，和生活、全世界，甚至和存在本身都相關。這並非意謂著你的研究是虛無飄渺的、充滿哲思或者是充滿自傳意味。你不會書寫關於自身的內容，但你的書寫卻來自自己的內在，而非源於外在的角度。這是一個自我反思的決策過程，在研究計畫的起始階段非常關鍵。

　　此階段的目標是確保你充分了解自己的動機和價值觀，確認優先順序，並評估自身的條件、能力和限制。――完成這些步驟後，你將具備研究者所需的自信和自我掌控能力，能夠充分運用廣大研究社群中的多種觀點和議題――我們將在本書的第二部分詳細介紹這個過程。

　　第一部分的基本過程如下。在第一章，我們會教你如何將模糊且聽起來很宏大的主題（無論是你自己構思或有人指定）轉化為一系列具體、務實卻仍然初步的研究問題（Research Questions）。在第二章，你將學習到如何分析在第一章中建構的問題，從中發掘可以將其中部分、大多數或者所有問題連結起來的模式。突然之間，一開始可能看起來隨機的一系列問題，逐漸形成一幅連貫的畫面。這是你將達成的第二個重要里程碑：確定你的「研究課題」（Research Problem）。在第三章中，你將學習如何將你的問題和課題轉化為以第一手資料為基礎的可行性研究計畫（Research Project）。

　　最重要的是，本書的第一部分說明了為何我們需要改變研究

初期階段的思考模式——從依賴詞藻優美的、迎合外在期望的語言來說明我們本能的好奇心，轉變為依賴內在、適度且經常難以表達的語言。第一部分會教你如何避免在研究過程中不時面臨的自作聰明風險。

第一章 | # 不一而足的問題
Questions

　　本章幫助你克服研究過程中的第一個挑戰：如何將廣泛而模糊的「主題」轉化為一系列具體且（至少對你來說）吸引人的問題？在研究的最初階段，多數人心中並沒有具體的問題。他們只有感興趣的主題。在本書的引言中，你已經一一記錄一些感興趣的主題。主要的挑戰不在於確定你感興趣的潛在主題，而是在於將這些一般性的主題轉化為一系具體的提問。雖然表面上看起來直接，這個過程卻出乎意料的吃力。它需要你在保持自信的同時，也勇於面對自我中的脆弱。

主題不等於問題

　　有主題是很棒的事。這些主題在開展任何研究計畫時都很有用。一個主題意謂著一個領域或是研究範圍。它能賦予研究者力量。它給人一種認同感和一種目的。我研究……哈林文藝復興、蘇聯史、女性研究、實驗詩歌、城市規畫、環境歷史。擁有一個主題使人感覺充實、有自知之明、有方向感。

　　然而，主題也有可能蒙蔽雙眼。它們是龐大且抽象的範疇。大學、企業和研究機構按照主題而組織起來──X主題的系所、Y主題的研究機構。主題也出現在名片上：研究Q主題的教授。它們影響我們對世界的思考方式。但是，它們對研究者的用處並不大，因為主題並不是問題。

　　而主題和問題又有何不同？讓我們來一一細數（見表1）。

表1.　主題和問題的區別

主題	問題
是名詞，可能有修飾語	是問句，以問號作結
可以是廣泛或具體的	可以是廣泛或具體的
指出一個人們想了解的領域	指出一個人們想了解的領域，以及你如何從中獲致滿足感
提出無數個問題，但往往會引出數以千計的不同方向	引出更具體、相關的問題
沒有答案	有答案，有時還會有好幾個

　　你可以看到，主題甚至可能成為研究過程中的障礙。當研究者告訴你其感興趣的主題時，往往會讓你禁不住懷疑，在該主題的可能研究路線和可能的問題中，他們打算選擇哪一種，或者為什麼這個主題對他們很重要。簡單來說，當我們談論主題，我們可能會是談及任何人事物（因此也可能我們其實什麼也沒談到）。

　　哈林文藝復興的什麼？蘇聯經濟史要怎麼看？環境史是指哪

一個地方的環境？當有人告訴你他們的主題時，你實際上對他們為何想成為研究者知之甚少，更不用說他們的研究方向了。研究哈林文藝復興可能會變成有關城市遷移的研究。但它也可能只是關乎詩歌、思想史或房地產市場。研究蘇聯經濟史的研究者可能對鋼鐵生產技術的歷史、二戰期間的勞資關係或莫斯科經濟智庫的發展感興趣。同樣地，研究環境史可能會對入侵物種、水力發電壩或火耕農業感興趣。簡而言之，我們一無所知。所有這些研究方向（以及更多其他方向）同樣可能讓研究者感興趣，但其中一些可能完全不會引起他們的興趣，甚至會讓他們極度厭煩。研究環境史的人可能與哈林文藝復興的學者更有共通之處，而非「同行」的環境史學者。單從主題本身來看，主題並不是研究過程中的適當指南。這就是為什麼它們絕非萬無一失的原因。

當你有一個主題且正努力將其變成研究計畫時，你會聽到的普遍建議是「把它的範圍縮小」。

我們稱之為「縮小主題範圍的陷阱」。

看似簡單的邏輯，即「有限」的主題比「廣泛」的主題更容易研究，卻會導致許多研究者，特別是經驗不足的人陷入死胡同。縮小主題的範圍可能減少需要分析的資料，當然可以回答何時和在哪裡的問題。但是僅僅有一個主題——即便是「有限」的主題——是不夠的，因為它仍無法回答如何以及為什麼等問題。告訴別人你那「有限」的主題，他們仍然可能不知道你在做什麼。即使是一個「有限」的主題也無法告訴你該做什麼。

簡單來說，你無法只靠「縮小範圍」就脫離主題迷宮

（Topic Land）。

　　每個研究者都需要釐清該做什麼以及如何做到。而且，假設你想要將時間和精力投入到有價值的事情上，那麼在做什麼和如何做到之前的問題就是為什麼要做。

　　舉個例子：某個學生和墨磊寧老師討論一門歷史課程的可能論文主題。學生解釋道，論文主題是中國風水，或可稱為「風水學」。在風水學中，人們認為，山水自然景觀具有能量，這種能量足以影響——改善或每況愈下——生者的命運，以及死者的來世。若根據這些能量的邏輯和流動建造自己的住所或城市，就可以改善自己的運勢。忽視或違反這些邏輯則會帶來毀滅。

　　風水是極具前景及魅力的主題，但老師仍不清楚這名學生關注的是哪一方面的風水。學生對這個主題的問題是什麼？其重要性何在？為什麼選擇風水？

　　這名學生使用了非常「高階」的詞彙，並在這次面談前進行了精心的排練，使用課程中的關鍵用語和概念。學生解釋道，風水提供了一種檢視「中國現代性」的方法，足以考察中國從「傳統」到「現代」過渡期間的「知識生產」情況。這份簡報所呈現的一切都非常精緻。

　　然而，還是缺少了一些什麼。

　　好吧，只是，為什麼是風水？如果主要動機是了解「中國的現代性」，那麼你的論文未必需要是關於風水的。你大可選擇研究教育改革、化學進展或翻譯史等主題，這些都同樣能「觸及」現代性議題。

於是，學生再次嘗試，使出渾身解數，用上許多「聽起來很聰明」的理由。學生解釋道，文獻中存在著「缺口」（gaps in the literature），這是學術名詞，意思是「知識地圖上尚待填補的重要領域」。學生使用了另一個在學術界常見的術語來說明：風水具有強大的「介入」（intervention）作用，能在史料中產生影響。換句話說，學生正試圖和老師以學術名詞交談，使用學生認為會引起學術指導者共鳴的專業用語。

這又引出了其他問題。所謂「文獻中的缺口」，意謂著該主題毫無疑問是重要且需要被說明的。但對誰重要，又為何重要？此外，人類知識的「缺口」是無邊的，為什麼要填補這塊特定的「缺口」？

這個僵局不能只歸咎於學生「缺乏經驗」。大多數研究者（即使經驗豐富）都本能地嘗試使用「重要性」或「意義」的詞彙來為他們初步的研究理念辯護──這些標準是按照他們想像中的外在權威所設定的。但在初始階段，我們不需要外在權威。反之，在研究的最初階段，每名研究者都必須回答一個非常個人的問題：在眾多感興趣的可能主題中，我為什麼被這一個吸引？我覺得自己和這個主題有什麼關聯？為什麼它對我如此有吸引力？

談話出現了明顯的暫停，學生整個態度有了變化。他聲音的語調和音量變得柔和。甚至姿勢也放鬆了。突然之間，談話感覺不再像學生試圖給教授留下深刻印象的表演。相反地，交流變得更是開放，甚至學生的弱點也曝露出來了。學生允許自己展現出最根本的擔憂，停止扮演聰明人，而這才真正讓自己變得聰明。

　　學生接著說道，我媽媽是個律師，她受過高等教育，也是我所認識最理性的人。她根本不迷信，她卻相信風水，而且是打心底相信，而我就是無法理解為什麼會這樣。

　　頓時，研究室裡充滿了新的問題。你認為，「理性」的人還可能不相信什麼？冥想？瑜伽？反射療法？八字命理？那麼，心理治療或經濟學呢？是誰或什麼定義了「理性／非理性」的界限？這個界限在世界各地都一樣嗎？理性觀念是什麼時候以及如何形成的？為什麼？如果我研究其他時期或文化的第一手資料，會發現什麼？我所說的「理性」到底是什麼意思？我為什麼使用這個詞？是因為「理性」依賴邏輯，而我認為風水是不合邏輯的嗎？還是因為我認為風水和理性不相容另有原因？

　　就像是遠離了城市的閃爍燈光，天空瞬間滿是星星。

　　問題接踵而至，填滿了學生的筆記本。

　　這場討論中的幾個關鍵面向促成了此一突破。對於嘗試將一個主題轉化為問題的研究者來說，以下是我們的建議：

1. **展現自己脆弱的一面**。這個學生感覺未經世事（正如他最初擔心的那樣），但這是好事。在這個早期階段形成的問題都不會是最終的成果。在我們的生活中，很多事情都教導我們不要敞開心扉。我們想表現得成熟且專業，未敢提出可能會讓我們顯得未經世事或幼稚的問題。但在這個階段，我們的問題不需要洗練，甚至不需要有條理。在我們的知識範圍內，這些問題需要的，唯有誠實不虛。相信

自己。

2. **對話保持正面且不帶偏見**。無論是研究者還是智囊團，其
話語都未提及任何貶低研究者的理性的假設。在腦力激盪
的階段，我們常常會因為某些太過顧忌的想法或言詞，而
冒然地打斷了某些探索的方向。諸如「你的假設錯了：非
西方的作法並非在本質上就是非理性的！」或者以高度抽
象的語言對自己說，「我的理性概念其實就是一種社會建
構」。務必抵擋住這種誘惑。更適當的作法是讓問題擴散
出去，不管它們看起來有多麼不重要、天真、毫無邏輯、
分散或帶有偏見。無論是獨自研究或是和他人合作，此時
的目標只是提出問題。我們將在後面討論如何善用這些問
題。

3. **把你的想法寫下來**。研究者和智囊團將提出的所有問題一
律寫下來。想法可能很快湧現，但如果沒有記錄下來，也
會很快就忘了。正如我們一再強調的，研究初期僅僅思考
是不夠的，你必須將想法一一寫下來，留下思考的痕跡，
以便日後用在他處。

4. **從內心提出問題**。在上述對話中，是學生提出問題，聽取
意見的智囊團幾乎不需要加入意見。此時，你應該設法產
生由自己的知識、假設和好奇心所驅動而產生的問題。在
這個階段，不要試圖「從外向內」去思考，也就是說，不
要試圖提出一些你認為可以討好某個自己臆想出來的評判
者的問題。

　　這名學生比多數人幸運，因為在面談之前，他已經進行了大量的自我反思。他們已經知道為什麼自己的主題對他們個人而言很重要，只需要克服分享這些理由的猶豫不決即可。

　　對多數的我們來說挑戰則更大。我們可能會被一個特定的主題吸引，卻不知道為什麼。或者更準確地說，我們的某一部分知道原因，但我們的其他部分——那些必須回答「為什麼你感對此興趣？」這類問題的部分——仍然一無所知。

　　在「以自我為中心」的研究過程中，我們將探討幾種方法，用以縮小自我這兩個部分之間的距離。你將學習如何將以下兩個部分結合起來：

- 你的直覺部分，它懂，卻無法表達；
- 你的執行部分，說得出口，卻不了解。

現在就試試：尋找自我

　　目標：利用第一手資料的搜尋結果來判斷你最有興趣的主題的各個面向，並草擬出基於這些興趣所衍生出的問題。

　　你已經很清楚如何在網路上進行搜尋。而這道練習則是為了刺激你使用網路的搜尋結果來進行尋找自我。

　　問題把我們引向特定方向——無論是朝向特定答案，或是朝向回答問題所需的第一手資料，或者是朝向正在處理類似問題的志同道合的學者們的研究成果（即第二手資料），

更常見的是引導我們提出更多、更好的問題。問題會迫使我們自我反省。

　　問題還有另一個優點。一個人對這個世界提出的每一個問題，都是關於研究者的「自我反思紀錄」──有助於研究者省察自己提出問題的智性、情感和個人的原始動機。我們此處的目標不僅是宣稱一個人對某個主題的興趣，而且還要解釋為什麼。

　　想想以下例子。

　　　　蘇聯的歷史很有趣。

而問題，提供了更多自我反思：

　　　　在蘇聯對資本主義激烈批評之際，蘇聯是否發展出自己的一套會計常規？蘇聯一定有會計人員掌握經濟數據，但當時大部分的會計理論都是在資本主義環境中發展出來的，這對蘇聯來說會造成問題嗎？

　　現在你已經掌握更多線索來回答這個明顯的問題──你為何對此主題感興趣？你一連串的問題讓你感到有點棘手了。這些問題要求你對自己進行深入的探究，而不是含糊不清、跳針式的回答，諸如「這個主題很有趣，所以我才感興趣！」

　　這個練習提供了一種方法，幫助你從主題進展到問題的擬定。

　　在我們深入討論每個步驟之前，此處先提出幾個扼要的總結：

1. 用你在「引言」中完成的「現在就試試」練習為基礎，寫下吸引你的所有研究主題。請盡可能地概括，包含至少一個以上的主題。

2. 從你的清單中選擇一個主題，利用以下所列的至少三個（或更多）網路資料庫進行搜尋（你可以在whereresearchbegins.com上找到更多）。

3. 點選幾個你感興趣的搜尋結果──例如五到十個。

4. 不必深入閱讀搜尋結果，而是將你的目標著重在以下兩者：首先，將百分之二十的心力用於瀏覽搜尋結果列表（也許還有幾條搜尋結果的部分內容）；其次，其餘百分之八十的心力放在自我觀察上。你要在閱讀搜尋結果的同時進行自我反思。

5. 特別留意你的身心狀態對不同搜尋結果的反應：哪些看起來有趣？哪些使你稍微停留了一瞬間？哪些使你的心跳稍微加速？

6. 寫下至少十個你感興趣的條目，不必在意為什麼感興趣。

7. 以此十個條目的列表為基礎，回答第XX頁的三個問題，凝聚為自我反思紀錄。

8. 去睡一覺（或至少中斷二十四小時）。

9. 回到你寫下的答案，並反問自己：如果我不認識寫下這些答案的人，或者將這些搜尋結果標記為「有趣」的人，那麼我對這名研究者會做出什麼樣的猜測？從研究者所在意的事和興趣來看，這些「自我反思紀錄」透露出什麼樣的訊息？

10. 寫下你對這些問題的想法，盡可能地多寫。

讓我們再深入一點。

步驟一：你必須能夠坦承。

步驟二：選擇一個資料庫。我們在此列出了一些不錯的網站資源，你可以在whereresearchbegins.com上找到更多。

- WorldCat：www.worldcat.org
- 國家檔案管理局：https://www.archives.gov.tw/
- 國家圖書館：https://www.ncl.edu.tw/
- 中研院圖書館：https://las.sinica.edu.tw/*cht
- 香港政府檔案處：https://www.grs.gov.hk/tc/index.html
- HathiTrust：https://www.hathitrust.org
- Trove：https://trove.nla.gov.au
- 加州線上檔案（OAC）：www.oac.cdlib.org
- 歐洲檔案協定網站：http://www.archivesportaleurope.net

- 歐洲聯合數位檔案基礎設施（CENDARI）：www.
  cendari.eu
- 歐洲研究圖書館聯盟（CERL）：https://www.cerl.
  org/resources/main

不要擔心是否為你的主題選擇了「正確」的資料庫。針對這道練習，選擇哪一個並不重要。（等一下你就會明白箇中原因。）而且不必擔心圖書館的所在地點。你可能認為在紐澤西州的檔案館中找不到關於亞美尼亞政治的資料，或者在堪薩斯州的檔案館中找不到關於伊特拉次坎陶器的資料。但結果可能會令你感到驚訝。

首先，簡單了解搜尋引擎的運作方式，接著進行基本查詢。輸入你的搜尋關鍵詞──你的主題，或者與其相關的某些關鍵字──看看會有什麼結果。如果你的搜尋沒有結果，就試著用更一般的關鍵字，也許是一個意義相關但不同的詞彙。萬一其他方法都失敗了，就切換到另一個網站再試一次。資料庫本身並不是關鍵。

步驟三：一旦你搜集到一系列的搜尋結果──無論是何種結果──你要做的，就很簡單了。你只需滾動頁面並查看結果，看看你找到了什麼。點選其中幾條讀讀看。在這些網站中，你大多數時候無法查看原始資料，只能查看目錄條目。但即使有些網站提供完整的全文資料，也不要在此時陷入任何資料中。現在還不是仔細閱讀的時候。

　　相反地——而且，這正是關鍵——當你滾動搜尋結果時，試著想像自己身上綁著心電圖機，隨時記錄你在閱讀時的脈搏。哪些第一手資料使你的心跳加速，即使只是很輕微的？一一寫下來。哪些沒有對你產生任何影響？這你也要注意（因為稍後，我們還將盤點那些讓你感到厭煩的一切！）。

　　當下的目標，如我們之前所説的，是當你閱讀其他內容的同時，也在「閱讀自己」。當你閱讀搜尋結果時，只有百分之二十的認知能力應該用於點選連結，閱讀資料摘錄等。其他百分之八十——即最關鍵的部分——應該專注於留意自己在關注資料時的身心變化。

　　為何要花時間這麼做？這樣怎麼能讓研究者更接近並發現他們的研究方向？

　　好的，讓我們想想看：每天，我們的感官都受到大量外來刺激攻擊，以至於大部分的景象、聲音和氣味都不會引起我們的注意。事實上，如果我們試圖一直關注這些刺激物，我們的感官系統會很快超載，甚至無法進行基本的感知。因此，我們的身體已經演化出精緻的過濾系統，可以決定要忽略什麼。我們的身體和心智已經進化成一套驚人的「不看、不觸、不聞、不聽和不嚐」的機器。

　　考量到我們在忽視外來刺激物方面的效率，那麼當我們注意到某些事物——不論多微小或微不足道——我們都應該覺察到我們正在注意這些事物。這種自我反思紀錄的形式為

我們潛在在意之事和好奇心提供了線索。

　　簡單來說，每當你的思緒關注到某些事情——無論任何事情——你都能確信那其中確實有一個問題，即使你不確定那個問題是什麼。

　　學會留心這些線索，然後發現它們所指向的問題，你就能夠從一般的主題迅速有效地轉移到精準且富有創造力的問題上。

　　「覺察到你正在注意的事物」可能會出乎意料地困難。你必須非常仔細地聆聽自己，因為「注意到某事」這個事實，向來就不是多引人注目的事。靈光乍現之際，也未必喧囂。你可能只會發出微微的「嗯」一聲。「我找到了！」這樣的時刻甚至可能是無聲的。你可能只是微笑、皺眉或者對一幅圖像或一段文字停留的時間比平常稍微久一點。不需要任何人的幫助，你就聽得到震耳欲聾的音爆，而你在此時的挑戰，更像是檢測最微弱的引力波。

　　步驟四：回到你的搜尋結果。把所有對你有任何影響的資料寫下來、圈起來或標上星號，無論有多麼微小。手寫一份列表，將資料的標題複製、貼上到檔案中，或將這些資料保存在某個文件夾或電子郵件中。無論你怎麼做，都要記錄下來。

　　再強調一遍：留意任何引起你注意的一切，即使看起來和你的主題完全無關。

　　假設你對鄂圖曼帝國、紐澤西州或中國進行搜尋，除了

與帝國、州或國家有關的「相關」資料外，你的列表還會包括看起來是有關鄂圖曼家具、紐澤西奶牛或瓷器等意料之外的資料。不要輕易忽視這些資料。同樣好好瀏覽一番。如果其中任何一項讓你不自覺停下來，或某些事情讓你產生疑問，那麼就像對其他任何條目一樣做筆記。不要擔心你的列表看起來不一致或不協調。在這個階段，你的唯一工作是聆聽自己的內心，記錄下吸引你的一切。篩選的工作稍後再進行。

　　步驟五：一旦你有了至少十個條目的初始清單（雖然比起排除資料，此階段是要盡量納入，但也不要只是一味地複製和貼上），請花費約三十分鐘的時間，對每一個條目提問，並一一寫下答案：

- 這讓我想到什麼？
- 為什麼我會注意到這個條目？
- 當我看到這個搜尋結果時，我當下想到的，是哪些問題？

　　每個條目只要用幾個字描述即可。記得：在此階段，你很可能不知道每一個條目為何吸引你的注意。對這些問題的某些回答可能讓人感覺猶豫不決或可笑，但這無關緊要。請記住：就像風水的例子，避免使用自認為很聰明，或意圖打動某些你臆想中的外部評判者的語言。你的唯一觀眾是你自己，所以允許自己表達不清，聽從直覺並對自己誠實。這為

何能吸引我？

　　步驟六：放下清單，一整天不看。真的，一整天。闔上這本書、電腦關機，再設定二十四小時計時。

　　步驟七：現在，以全新的視角來審視清單。想像一下，如果是一個你不認識的人寫下這份清單，僅憑這份清單，你會說這名研究者在意的是什麼？如果你不知道他的主題，你會猜測他主要在意的是什麼？有鑑於你已經知道主題，這份「注意清單」是否揭示了相同的敘事，還是略有不同，甚至完全不同？他所在意的事，本質上是否與主題相關？是的話，那麼涉及的是主題的哪一方面？或者，這個主題只是探究另一個問題的一個案例或工具？請將你的想法寫在紙上。

常見錯誤

- 不把想法記錄下來

- 過早陷入個別資料中

- 排除那些看似與你在資料庫中輸入的關鍵字或你的主題不相關的「意外」搜尋結果

- 假裝對一個看似「重要」的搜尋結果感興趣，即使你實際上根本無感

- 只記下你認為你很清楚為何會感興趣的搜尋結果，而不是廣納各種搜尋結果

- 試圖完成一個連貫且前後呼應的注意清單

- 當你試著去推敲某個搜尋結果為何吸引你時，會不自

覺地擔心你所認為的原因在一些你想像中的標準裡，
是否真的夠分量

現在就試試：讓「厭煩」引導你

目標：留意你表現出的「反感」，辨識出你理論上「應該」感興趣但實際上根本沒有興趣的問題。藉由了解你對主題的不感興趣之處，可以加快速度找到你感興趣的問題的過程。

在上述的練習中，你注意到所有吸引你的搜尋結果。至於那些讓你產生負面感受，看起來令人厭煩的搜尋結果呢？很可能，它們也在你想像中的心電圖引起了波動，但不是因為它們吸引你，而是因為你對它們產生了排斥，所以你不太可能將它們納入你的列表。畢竟，人類對厭煩的最常見反應是避開。我們試圖拋棄或忽略那些讓我們感到厭煩的事物。但不要這麼做。厭煩是很有影響力的老師，值得我們注意。厭煩並不等同於不感興趣或缺乏興趣。它不是一種被動的體驗。厭煩是一種積極的情感，是對某些事物的抗拒，如同興奮，可以透過更多的自我反思紀錄，讓你更清楚了解你所在意的事以及動機。透過注意到你的厭煩，就像你剛才注意到興奮一樣，你將獲得真正與你相關的研究問題及課題的線索。

想像你和一個充滿善意的朋友之間的對話：

朋友：你在做什麼研究？

你：制度社會學。

朋友：啊，真有趣！我前幾天讀了一篇文章，比較不同
　　　公司的管理結構，看哪些公司能為提高工作滿意
　　　度和生產力而創造出最有利的工作條件。

你（對自己說）：哇，好煩。我對研究這個根本不感興
　　　趣。

　　你的朋友迫不及待地又繼續舉例，根據你所說的研究主
題，理論上你應該對這些例子感興趣。他羅列出這些書名，
並簡要地介紹。你越聽越困惑。朋友所舉的例子對我來說都
很讓人厭煩。為什麼？所有這些例子明顯都與我的研究主題
有關，所以我應該要很在意才對。但我就是沒興趣。我到底
是怎麼了？

　　一種悄然而生的恐懼漸漸籠罩你。

　　也許我的研究主題很讓人厭煩。也許我應該換個主題。
或者，也許這就是研究工作的本質：短暫的靈光之後，便是
單調乏味的研究起這些你根本不在意的事。也許我不應該
做研究！別急著對自己（或朋友——他們可能真的在幫助
你！）下判斷，花點時間反省一下。問問自己：什麼讓你選
定的主題變得令人厭煩？在你的主題中衍生出的可能提問或
子主題之中，哪些會讓你不自覺反感，甚至讓你感到不安？

　　這可能是你第一次思考這些問題。畢竟，沒有人曾經問

過我們，到底是什麼讓我們感到厭煩。每個人會問的，都是我們感興趣或激起我們的興趣的事情。我們很容易就明白，回答跟我們興趣相關的問題，可能揭示出一些我們或許尚未察覺到的自我。反之，你又怎麼解釋為什麼有些事情讓你感到厭煩，尤其是那些似乎應該是你感興趣的主題呢？

以下是你可以做的事情：

1. 回到你的搜尋結果，再次一一審視。

2. 仔細觀察你的心電圖波動，這一次，則專注於讓你感到厭煩的搜尋結果。這次，你必須像處理感興趣的條目一樣，謹慎處理這些搜尋結果。就像我們建議你避免提出「聽起來很聰明」的理由來解釋你為什麼對某個主題感興趣；在這裡，你同樣也要謹慎處理。

3. 選擇幾個令人厭煩的結果，針對這些不同的、令人厭煩的搜尋結果回答和之前相同的問題：

   a. 這讓我想到什麼？

   b. 為什麼這個結果沒有引起我的注意？

   c. 當我看到這個搜尋結果時，我會想到哪些問題？

4. 現在，針對每一項搜尋結果，寫下類似這句話的版本：「我對〔其他事情〕比〔搜尋結果〕更感興趣。」

步驟3和4產生了兩種類型的自我反思紀錄，提供了詳細線索，讓你了解內在的、未曾說出口的、經常是你用以感

知世界的無意識的心智結構。

　　將你感到厭煩的部分，納入你與自己的研究對話之中。除了有助於你進行排除法，引導你遠離無意義的研究方向外，讓你感到厭煩的事物還幫助你提出更好的問題，並讓你專注在你的「課題」上。

常見錯誤

- 否認厭煩感，或假裝對某些事感興趣，因為它「合於主題」，需要你的關注，因為它很「重要」。
- 陷入循環邏輯。不要陷入如下的辯解陷阱：「這件事讓我感到厭煩的原因是因為它很讓人厭煩！」厭煩不是「發生」在你身上的事情。厭煩，就像靈感一樣，是一種動態過程，發生在你和你正在互動的事物之間。厭煩的感覺是你和你所遇到的現實事物之間相互反應的副作用。

現在就試試：從小處著眼

　　目標：在進行深入研究之前，提出與你的主題相關的、具體的、以事實為核心的問題。這些問題將引導你在之後提出更主要的問題。

　　現在，你已經站在很好的位置上，可以從主題開始轉向提出問題。你也已經具備以下兩件事的筆記：

1. 在與某主題相關的資料中，你注意到了什麼，以及你對於自己為何會注意到這些所做的推測

2. 在你提出的主題中，哪些「合乎邏輯」或「顯而易見」的部分會讓你感到厭煩，以及為什麼

以此為靈感，嘗試以下步驟——像之前一樣，寫下來跟隨自我意識，寫下至少二十道與你的主題相關的問題。可以利用以下的提示，盡可能讓問題具體化：

- 你希望了解有關主題的哪些事實？
- 你可能需要哪些關於主題的資料或訊息，以滿足你的好奇心？
- 在你的想像中，可能存在哪些與主題相關、有意義的細節？

有些問題可能是由你在「尋找自我」或是「讓『厭煩』引導你」的練習過程中使用的資料所引發的。其他的問題可能是新的。

嘗試避免提出過於深奧或過於宏觀的問題。一旦你發現自己所提的問題，涉及和主題相關的基本「含意」或「意義」，那麼你的思考可能過於抽象。

此外，請記住問題就是問題——句尾有問號——而不是偽裝成問句的陳述或句子片段。例如「有關正義的問題」並不是一道提問。

　　再次強調，你在這裡的目標並不是為了向他人證明你的研究有多重要，而是要從一些基本事實的問題開始。畢竟，你對這個主題還不熟悉，你不了解的面向遠遠超過你所知道的。

　　例如，假設你正在觀看二戰後德國紐倫堡軍事審判期間所拍攝的黑白照片。你可能會產生一些宏觀的問題，例如，「紐倫堡審判對二戰後的歐洲產生了什麼影響？」或「這些審判的意義是什麼？」但是，當你試圖擬定一個研究計畫，具體的問題會更快幫助你達成目的：

> 哪些國家在審判中派出代表？
>
> 每個國家派出誰為代表？
>
> 國家代表是怎麼選出來的？
>
> 他們在審判中的任務是什麼？
>
> 有人拒絕參加嗎？
>
> 審判長是誰？
>
> 他們是如何被任命的？
>
> 由誰任命？
>
> 這一類的戰後審判，這是首見的嗎？
>
> 如果不是，更早先的審判在哪裡舉行？
>
> 媒體人員是否獲准參加？
>
> 誰拍攝了這張照片？
>
> 照片是如何發布的？是誰、在何時發布的？

審判是在哪棟建築物和哪間房間進行的？

審判是否在連續的時段內進行——幾天、幾週、幾個月——或是不同的審判，分別在不同的時段進行？

審判是否有截止日期？

審判程序的文字紀錄由誰負責？

這些文字紀錄存放在哪裡，或是如何配送？

這一切的費用，由誰支出？

誰支付法官、律師和證人往返紐倫堡的交通費？

誰支付他們的住宿費或因此而造成的扣薪？

在接受審判期間，被告被關押在哪裡，監禁時間有多久？

務必注意的是，這些都不是深奧的問題，而是小範圍但具體的問題。在這個階段，具體是我們的目標，原因有二。

首先，唯有透過這類小問題，你才能開始在腦海中（和筆記本上）形成關於你研究中的主題的核心基礎圖像。此時試圖去回答「深刻」的問題，例如「意義」和「重要性」，還言之過早，因為你還沒有掌握事實，更沒有機會進行分析。相較之下，你對於法庭所在的實際地點，以及與法官、律師、證人、旁聽人員、記者、家屬和其他人的身分了解得越多，你對你的研究對象就有更大的掌控力。這反過來又為你提出「更主要」的問題做好了準備——當時機成熟時，你可以提出更「深刻」的問題。

其次，這些「小」問題之間也可能潛藏著意想不到的問題，當你聽到自己出聲提問時，該問題可能會將你的研究帶往全新的方向。例如，當提出像是「誰支付了證人的住宿、飲食和交通費用？」這類極為單純的問題時，你可能會發現，自己竟想從不同的角度探索國際審判的歷史，而不再是從法庭審判的激烈場面本身。舉個例子，你也許想從城市歷史的角度來探討，因此提出的問題諸如「像紐倫堡、東京和南京這些城市，如何在後勤支援戰爭罪犯的審判？」「在這類重要事件中，被戰爭摧殘的城市如何處理交通、住房、安全等議題？」

從這些更深入的少數問題中，你已經觀察到，自己正朝著一個研究計畫邁進，而該計畫可能帶給我們一些關於像正義這類宏大主題的新穎見地。

當你開始提出（然後回答）具體卻看似平凡的問題時，你便開始將自己從模糊且無效的「主題」束縛中解放出來，轉而提出一系列具體且一致的問題，這些問題會隨著時間的推移，形成一個吸引人的、開放式並可行的研究計畫。

從小處著眼──提出精確且實質的問題──是擺脫主題迷宮的關鍵之一。

常見錯誤

- 提出有關「意義」或「重要性」等模糊、崇高、抽象或宏觀的問題，而非具體且精確的實質問題

- 不提出真正的問題（句尾有問號），而是陳述句或句子片段──偽裝成問題的主題
- 沒有提問，因為你認為你無法回答，也許是因為你認為沒有資料或無法取得資料
- 提出的問題過少，導致自我反思紀錄的分量不夠

智囊團：開始建立你的研究網絡

截至目前為止，你已經獨自完成了相當多的工作。此前，你一直在思考主題和問題，並完成了三項練習，提出了以你感興趣的主題為基礎的新問題。

現在，是善用你提出的問題與某個你認識的人就研究展開對話的好時機。開始建立你的研究網絡──即一個你可以在研究過程中諮詢並尋求建議的社群。列出一份名單，其中包括願意並能夠定期和你討論想法的教師、同事、學生以及同行。有些研究者會獨自進行大部分的研究，但可靠的智囊團可以是催化劑。

在你的智囊團名單上圈選出幾個名字。挑選出幾個你在閱讀本章時產生的問題，並安排一場會議討論這些問題。保持開放性，沒有絕對的答案。你並非要求智囊團告訴你哪些提問是「最好的」。告訴他們，你還沒有要確定聚焦在任一問題上。你仍處於探索階段。此時的目的，是要讓他們注意到你的研究，並開始就你的研究想法進行口頭交流──因為

你已經寫了一些內容。

　　你可以提前將問題寄給他們，並盡力讓對話的氣氛顯得隨性。不要問他們「我的問題適當嗎？」而是問「這些問題讓你想到什麼？」和「這些問題引發了你哪些其他問題？」花一些時間一起激盪出和某個主題相關的問題。

　　向他們道謝。你很可能會再次尋求他們的幫助。

你有問題了

　　現在，你已經走上正確的道路。你從一個廣泛的興趣出發，找到了一個同樣廣泛的「主題」——即研究的對象或重點。你藉由「尋找自我」撰寫了初步的筆記資料——這些筆記是由於你對自我的誠實探索而產生的自我反思紀錄。透過寫下為何某些事情引起你的注意，以及為何其他事情讓你感到厭煩，你更清晰地了解自己的立場和在意的事，並利用這些練習激盪出具體而精準的問題。即便你的問題看起來零散、片段又混亂，那也沒有關係；事實上，這意謂著你正在做正確的事情。（但是，萬一你的問題很少，那麼你應該再進行一次前面的練習。）

　　最重要的是，在擬定這些可能的研究問題時，你暫時無視於任何關於你的問題是否「重要」的擔憂。我們會在第二部分談論其他人的想法。你的問題清單包含了對你極具意義的問題，即使你現在還不知道為什麼。另外，你還從資料庫的搜尋結果中，獲得了第一手資料和第二手資料。

　　你已經展開了將一個主題轉化為一些問題的過程。

　　在下一章，我們將告訴你如何分析這些問題，以確定這些問題之間的關聯性。一旦你聯繫起來，你就會發現，在許多甚至所有這些具體且分散的問題背後，存在著更深層次的事物，驅動著你的研究工作向前推進：你的「課題」。

　　此時此刻，闔上這本書，給自己一些時間充電。我們很快會再見面。

第二章 | 從問題到課題
What's Your Problem?

現在，你提出了問題，下一步就是回答問題，對吧？

並不完全是這樣。

在本章中，你將著手尋找並運用第一手資料，也許你能藉此找到至少部分問題的答案。不過，回答問題不是重點，如何讓問題臻於完善才是。

截至目前，你的問題大體上都還不夠成熟。這並不是因為身為研究者的你能力不足。反之，這便是此研究階段的根本：在這個時間點，這些問題顯得不夠成熟，是因為你還沒有機會對研究對象進行研究。而這是很正常的。

等等！你可能會在這個時候提出抗議。之前你告訴我，我必須提出問題才能進行研究。現在你卻告訴我，我需要進行研究才能提出問題？這是不可能的。這根本是無限迴圈。這是個陷阱！

這不是陷阱。但我們確實需要進行大量的研究才能得出正確的問題。然後需要更多的研究來回答這些問題並提出新問題。在研究的早期階段，目標並不是像許多人想的那樣產生答案。而是聚焦在你現有問題的細膩度，並提出新的（並且更好的）問題。

　　本章的目的是幫助你確定並表達潛藏在許多研究問題背後的課題（problem）。做到這一點，你最終將能提出更到位的問題、進行更有意義的研究，並更有效率地展開研究。

不要急於確定問題（否則你會錯過你的課題）

　　在產生、分析、精進和補充問題的過程中，你可能會想：我怎麼知道我真的找到了課題？我真的有「課題」嗎？或是我只是隨意編造出一堆不相關的問題而已？畢竟，我們對很多事情都感到好奇，但我們不會為了滿足每一次的好奇心而啟動研究計畫。我們也不應該這麼做。

　　區分課題和隨時而來的好奇的一個簡單方法是：如果它每天、每週或每月都在改變，那麼這就很可能只是一時的好奇。如果它持續存在，那麼就很可能是一個課題。

　　課題是你內心深處一個喋喋不休的存在，讓你感到不安，而且困擾，但也吸引你、驅使你，並讓你一直回來。課題是在你腦海中引發問題的一切，在外人眼中，這些問題可能很多樣化、完全不相關，但你知道它們在某種程度上是相互關聯的，即使你無法解釋為什麼。課題則緊緊跟隨著你。無論你是法國歷史學家、菲律賓社會學家，抑或是印度文學學者，課題不時呼喚著你去嘗試解決。你要做的是為這道課題命名，在考量你的個人能力和局限的情況下，去識別出你有能力研究的課題的案例（case of that problem），並思考出要如何研究該案例，以便得出更全面性的

方案,用以解決這項課題。

當然,要研究一道課題,就意謂著需要提出問題,只是(再次重申),問題並不是課題。

你大可想出很多已有答案的問題,但這些問題的答案不見得能解決任何課題。提出和回答這些無關痛癢的問題是浪費時間,所以你要確保你的問題確實是由你心中的課題所驅動。這就是為何不要匆促確定問題的關鍵原因。

對研究者而言,課題有很多方面的用處,包括以下幾點:

- 驅使你針對研究主題提出問題
- 決定你提出哪些問題
- 界定你所參與的主題的內容、原因、時間以及方式
- 指導你的研究途徑
- 塑造你在分享研究成果時所講述的故事的樣貌

迄今為止,你已根據對資料的初步探索提出了問題的「初稿」。但你必須確保你所提出的問題不僅僅是為了滿足個人好奇心。本章的下一個步驟將幫助你釐清以下:

- 如何改善你已提出的問題;
- 如何利用資料確認驅動你提出問題的課題;
- 如何利用你的課題提出全新而且更到位的問題。

我們都知道，不要「匆促得出結論」，因為這是偏見或草率的想法所引發的行為。我們都看過這種情況，也都曾經如此──即使我們沒有用足夠的時間去思考，我們仍然對某些事件提出肯定的論據或論點。結果是，我們最終都錯了。

研究者在早期階段必須避免的是急於確定問題。你已經激盪出許多問題，當下的風險是你會因為壓力而冒然地提前選擇一個問題。

你的主要研究問題究竟是什麼？你會聽到這樣的質問，最終你會從內心深處聽到一個聲音，試圖讓你輕率地相信，你的研究必須只有一個研究問題，而你必須及早確定下來。

急於確定問題的陷阱，可能和縮小主題範圍的陷阱一樣有害。

倉促確定問題，就像在沒有檢查地基的情況下建造房屋。你的建築規畫可能非常出色，土地廣闊、風景優美，只是，如果你在沙堆上建造，當這些沙子位移時，你將面臨嚴重的危險。等到問題出現時，重建代價可能會極其昂貴，而你可能也會發現，根本無法搬遷。

對你的問題進行壓力測試

此際，你已經完成了提出大量問題的任務──最好是小範圍、實質性的問題──但你仍然需要進行壓力測試、精進並篩選，排除任何行不通的問題，強化留下來的問題，並加入更多的問題，以更有利於你的研究過程。

　　把問題想像成一輛汽車。在坐進這輛車子之前（當然也是邀請其他人一起進入這輛車子之前），你會希望能保證方向盤和剎車都經過嚴格的測試。你會希望原型車已經通過一連串的碰撞測試，直到製造商確定車體的結構能有效保護駕駛和乘客才行。

　　以下有兩種方法，可針對你的問題進行壓力測試，以提高其健全度。第一種方法著重在語言，第二種方法則是針對特定研究對象，並側重在資料。我們建議，你依此順序著手處理。

現在就試試：對你的問題進行診斷測試

　　目標：確保問題所使用的詞彙、語法和措詞都是具體的且不帶偏見，避免預設某種特定的結果。

　　重新撰寫你的研究問題，並多加注意以下事項：

1. **標點符號**。你的問題是否真的以問號作結？或者你是否以更廣泛、更模糊的術語來表述，例如「這是一個關於……的考察」、「我預計將探索……」或者「我的計畫是關於……的問題」？一旦你發現，自己將問題表述為「我想研究某件事如何」發生的，那麼你的問題實際上可能根本不是問題，而是偽裝成問題的主題。將問題更具體化，在句尾加上問號。

2. **形容詞和副詞**。你的問題是否過度依賴廣泛、籠統、不精確或空洞的形容詞，諸如「現代的」、「傳統的」

或「西方的」，或者是「科學地」、「理性地」或「有
效地」等這類副詞？盡量全數刪除這些形容詞和副詞。

3. **集合名詞**。你的問題是否包含了像「亞洲人」、「法
國人」、「學生」、「女性」或「北美人」這類集合名
詞？是的話，請盡力將這些名詞替換為更精確的人口
統計類別：年齡在哪些範圍內的女性；住在何地、以
及哪個就學階段的學生；背景、社會經濟地位、種族
或族裔，或家庭狀況為何的北美人。你不需要將所有
可能的人口統計變數納入考量，但是你必須嘗試納入
所有可能對你的計畫產生影響的變數。

4. **動詞**。請注意你的問題是否包含「影響」、「作
用」、「塑造」或「衝擊」等動詞，或者「受到……
影響」、「為……所回應」、「對……做出反應」等
被動表述。在這種情況下，你構建問題的方式很有可
能會把一系列可能的答案和結果排除在外。你需要重
新措詞，以避免可能導致確認偏差的假設。

在這個過程結束時，你的研究問題應符合以下標準：

• 問題表述應清晰、精確、不致晦澀難懂。如果你的問
題讓同事或指導者難以理解，這意謂著你（而不是他
們）並沒有真正理解你的課題。你的簡化表達可能會
隱藏問題的重要細節。同樣地，如果你的課題隱藏在
這些晦澀難懂的詞語之中，而這些詞語的目的是讓你

的問題聽起來「聰明」、「重要」，那麼，請用清晰易懂的口語來替代。你和你預期中的聽眾都應能夠理解你的研究目的，即使這意謂著你的語言可能不如你期望的那麼優美、精煉和簡潔。

- 問題應根基於可驗證和可反駁的資料基礎上。你的研究問題應誠實可靠。這意謂著問題應該是由事實啟發而來的，而不是由猜測、偏見或觀點所引發的。哪些事實觸動了這些問題？它們是否可被驗證？這些事實可以在何處以及如何進行檢驗？你自己是否已檢驗過？

- 問題對結果而言，應是中立的。最好的研究問題是開放性、未知的、不帶偏見。換句話說，研究問題不應該預設答案。如果你的研究問題有這些情形，請重新擬定，並排除任何假設。

- 問題應該在研究對象的認定上清楚且明確。你的問題不應該依賴廣義的身分範疇，如「學生」、「女性」、「歐洲人」、「巴西人」、「基督徒」等。請參照上述建議，盡可能具體地描述問題中的對象。

- 問題應該是陽春、未經分析且鬆散的。至少到目前為止是這樣。儘管我們鼓勵你確保列表中的每一個問題都盡可能精確、詳盡並且有事實基礎的，但請記住，從整體上看，你的問題列表在這個階段不需要過度細膩或一致。如果這些問題對你來說看起來隨意，那就

這樣吧。如果看起來彼此毫無關聯，也就隨它們而去吧。

常見錯誤

- 提出引導性問題，這些問題的措詞目的是預先決定答案。這些問題是以未經證實的假設為基礎，並導致確認偏差。引導性問題的結果是，你必然會獲得你正在尋找的事物。（參見以下的例子：X如何影響Y？）

- 提出倡議導向的問題，這些問題推廣特定的意識形態（如理所當然的世界觀）或行動方針。這些問題已經採取立場，並鼓勵其他人採納，而不去考量該案例的實際狀況，或者證據已顯示哪些詮釋才是合理的。例如：「為什麼在討論瓊·蒂蒂安（Joan Didion, 1934-2021）的小說時，『女性主義』的分析面向優於『羅曼史』？」

- 強迫所有問題都要「有意義」或「前後一致」。不要擔心，這個過程很快就會到來。

引導性的問題太常見，而且其偏見對研究過程影響深遠，因此值得我們以詳盡的案例來進一步探討。或許你曾經看過以下類似的問題：

X如何影響Y？

請看看以下例子：

　　國王路易十六在一七八〇年代是如何採用破壞性的稅收政策，瓦解了民眾對貴族的支持，為法國大革命鋪路？

　　是吧，這是一個夠「學術」的問題了！為了提出這個問題，一個人必須對法國歷史有一定程度的了解。

　　不過，再仔細看看。你看到問題所在了嗎？當我們問及「X如何影響Y？」時，其所暗示的答案是X確實影響了Y，其餘問題便是如何影響以及影響的程度為何了。以這種方式成立問題會產生一重大缺失。此時，研究者其實還不確定此類影響是否真存在。問題的表述方式本身便排除了X根本沒有影響Y的可能性。一旦事實證明沒有影響，那麼你就只會有一篇篇幅非常短的論文。

　　假設你仍相信X確實影響了Y。那麼，就會是可能有影響。然而，你現在還不知道，因為你還沒有展開研究。你必須避免的是，得靠這種「影響」的存在，才能讓你的問題成立的情況。一旦無可避免，那麼你註定會在第一手資料中發現似是而非的「證據」所造成的影響，從而誤導你的讀者和你自己。

　　如果你發現問題存在缺陷，就試著修正。萬一你的問題實際上是偽裝成問題的主題，就改寫或重新組織。如果你依賴抽象的名詞、形容詞或副詞，請以具體的詞語取代。表達問題時，完全不使用任何空泛的詞語。如果你選擇的動詞讓你過早定義研究結果，那就更改用詞吧。

現在就試試：使用第一手資料讓你的問題臻於完善

目標：學習如何進行關鍵字搜尋，以加強或讓關於研究主題的問題臻於完善。這些搜尋結果足以揭示與你的研究相關的第一手資料，而這些資料本身包含你過去不知道的新關鍵字（因此讓你能進行進一步的搜尋，找到更多且更有用的第一手資料）。

你在上一個練習中所做的詞彙診斷是第一步，目的是幫助你在提出問題時避免犯下常見的錯誤。而接下來的練習，則會要求你深入具體的研究對象，並探究第一手資料。

截至目前為止，我們一直讓你和第一手資料保持一定的距離。在第一章中，我們在「尋找自我」的練習中，特別建議你不要去深入研究第一手資料。而現在，我們鼓勵你深入研究第一手資料，只是方式可能和你想的不同。我們希望你使用第一手資料來發展、精進並擴展這些問題，而不是試圖用第一手資料來回答你提出的問題。你最終會開始使用第一手資料來回答問題，但在研究的初期階段，我們認為你在投入大量時間和精力來回答問題之前，仍需要讓問題變得更精確。

如何利用第一手資料來加強並讓問題臻於完善？答案很簡單：第一手資料能讓你知道其他第一手資料的存在，接觸到這些資料有助於你針對研究對象提出更成熟的問題。反之，那些「急於確定研究問題」，然後一頭栽進使用第一

資料來回答這些問題的研究者，可能會把自己困在一種知識和實證的泡泡中。

假設你對以下其中一個主題感興趣：

- 二十世紀初期的非裔美國黑人文學
- 人工智慧的歷史
- 二十世紀香港的飲食文化

接著，再假設你已經完成將最初的主題轉化為一系列具體問題的艱難工作，眼下正在搜集並探究資料。你從一個包含數百種全文期刊的資料庫中展開搜尋。

然而，你卻遇到絆腳石。幾乎所有「食物和香港」的搜尋結果，都來自一九五〇年代以後，或者「非裔美國人和文學」的搜尋結果大多來自一九八〇年代以後，幾乎沒有早期的相關資料。搜尋「人工智慧」只會得出一九八〇年代以降的大量資料，更早期的相關資料根本付之闕如。

到底發生了什麼事？常識告訴你，一九〇〇年左右就有非裔美國作家，香港的飲食文化更是早於一九五〇年代，人工智慧的研究萌芽於一九八〇年代之前。為什麼搜尋結果會是這般境地？

在這種情況下，起因很簡單：你使用的關鍵字犯了時代錯置的毛病。換句話說，這些字詞是人們在這個地點（即你預設所在位置）以及在這個時間點，用來描述你想在第一手資料中找尋的人物、地點以及主題所使用的詞彙。但

它們並不是過去或其他地方的人必然會使用的詞彙。「人工智慧」（artificial intelligence）是我們今日用來描述電腦科學一個分支的詞彙，但並不一定是當時開發該領域的科學家們會使用的詞語。他們更常使用像「系統思維」（systems thinking）、「機器智慧」（machine intelligence）等其他術語。而做為地名，「香港」（Hong Kong）已經有很長的歷史，但在英語拼寫上，已經發生很大的變化（數十年前，你更有可能看到「Hong-Kong」或「Hongkong」）。同樣地，「非裔美國人」（African American）一詞在一九八〇年代才普及，之前人們會見到像「美國黑人」（Afro-American）、「尼格羅」（Negro）、「有色人種」（Colored）等其他稱法，其中很多稱法在現今會令人覺得深受冒犯。

　　因此，在尋找第一手資料的最早期階段，你的主要目標實際上不是著手回答你的問題，而是利用你找到的第一手資料來揭示你所不知道但確實存在的新關鍵字，然後把這些關鍵字反饋到搜尋過程中，如此，才能發現更多、更好的第一手資料，更多、更好的關鍵字，以及最重要的是，提出更多、更好的問題。

　　這或許看起來像是令人卻步的建議。畢竟，即使你的搜尋關鍵字是「不完美的」，卻也可能搜尋出數千、甚至數萬條結果。而你真的需要閱讀、記錄並引用更多的資料嗎？

　　未必需要。但別害怕，我們會介紹如何做好資料管理。此時此刻，你的目標是找出你在搜尋過程中遺漏的部分，以

免搜尋結果漏失重要的資訊。從整體上來看，你正藉由消除盲點來提高對主題的掌握度。

每當你進行關鍵字搜尋，都要問自己：是否還有其他搜尋詞？我用的搜尋詞有沒有異體字、同義詞或者其他拼法？你必須盡可能地確定你得到的搜尋結果具有廣泛的代表性，足以代表可用的第一手資料，而不是意義狹隘或未經優化的搜尋結果。如果你的搜尋結果都集中在某個較短的時期內（就像上述例子）或是在極少數地方由少數人撰寫的，那麼這種結果可能是你搜尋過程中的某些原因所導致的。換句話說：香港在一九五〇年代之前已經存在，非裔美國作家一九八〇年代之前也已經存在，因此，這些獨特的搜尋結果和整體的「現實」無關，而是與你的搜尋方式有關。如果你沒有停下來，改進你的搜尋方式，而是急著閱讀、記錄並引用你找到的所有資料，你的整體研究計畫將會非常不完整。

以下是一些技巧，幫助你使用第一手資料來改進關鍵字搜尋。

關鍵字搜尋的藝術和科學：一些小技巧

儘管改進關鍵字搜尋聽起來是相當簡單的過程，實際上卻存在一個棘手的矛盾情形：多數包含「當前關鍵字」〔例如「人工智慧」（artificial intelligence）、「非裔美國人」（African American）、「香港」（Hong Kong）……〕的第一手資料並不包含你需要找到的其他關鍵字（例如「Hongkong」，「Hongkong」，「Afro-American」⋯⋯）在大多數搜尋中，其結果可說是一翻兩瞪眼。你在搜尋中使用的關鍵字包含於第一手資料中，那麼這筆資料就會出現在你的搜尋結果中；若關鍵字不在其中，那就根本就不會出現。以下是如何突破這種困境的方法。

善用分類搜尋

在某些資料庫中，你可能會幸運地找到由圖書館員和檔案管理員製作的元資料（用於描述資料的資料），他們的目的是讓像你這樣的研究者更容易找到資料。在這種情況下，你可能會找到包含「人工智慧」一詞的第一手資料，然後發現這筆資料在資料庫中被以同樣的關鍵詞標記分類。只要點選這個「人工智慧」的分類標籤，你就可以連接到資料庫中所有被歸類為「人工智慧」的其他第一手資料，而這些資料中有些可能根本不包含「人工智慧」一詞！這是一種方法，能讓你從僅包含你搜尋中所使用的關鍵字的資料，跨越到另一個並未包含你使用的任何關鍵字的資料。

以下是你要做的事情：在你進行上述搜尋並跑出結果頁面後，你再依時間順序排列，接著只找出一九八〇年代之前的結果條目——在你的初步的關鍵字搜尋中，這些資料似乎消失了。而當你瀏覽這些標題時，請留意以下資訊：哪些詞語出現在標題中？如果可以線上閱讀的話，請瀏覽其目錄、序言、緒論和索引。這些資料，使用的是哪些詞語，術語和

詞彙？你是否注意到任何詞語或說法，如果你透過資料庫搜尋這些詞句或說法，可能會產生你用第一個關鍵詞時所沒有搜尋到的結果？這些便是你的新關鍵詞。務必記錄下來。

注意：元資料也是因應情境而出現的資料，不應該視為絕對的。分類是一種文化建構，包括圖書館員和檔案管理員各自建立的分類。他們所建立的元資料分類，會受到立場、世界觀和各種標準程序的影響，因此不應被視為認知任何主題的「最終判準」。而永恆不變的是，請假設還有更多資料有待挖掘，而且沒有人可以代替你做這件事。

找出自我參照的資料（self-reflexive sources）

在某些情況下，你可能有幸找到一份特別的第一手資料，例如一本歷史詞典，內容明確地解釋與該資料主題相關的專有名詞以及名稱如何隨著時空的變化而轉變，亦會概述一個特定的概念、地點、社群、行為或其他類似事物如何在不同的時空背景下被命名和重新命名。這種時刻總是令人欣喜的，因為這為研究者打開了無數道大門，你只需要走過去就可以了！

然而，即使在這種情況下，也要記住第一手資料仍然受到其自身的限制。沒有任何一筆資料會記錄下所有可能對你的搜尋有幫助的專門用語變化。也不應該將任何資料（如我們上述說明）視為某一主題的最終權威。你仍需要決定所涉及的第一手資料在經驗上是否準確。每一條資料都有各自的

立場、世界觀和視角。但針對你當前的目的——找到更多方面的關鍵詞而言——該資料對你來說仍然有用，無論其資料或結論是否準確，因此你目前暫且無需對這些問題進行評判。眼前的目標，是確定這條資料是否能引導你找出目前你仍無法找到的其他資料。

留下關鍵詞和搜尋紀錄

當你發掘並嘗試用越來越多的關鍵詞進行搜尋時，即使是小型研究計畫，也可能動輒產生數百個關鍵詞，你很快便被大量關鍵詞淹沒，感到不知所措。因此，這個過程的另一個基本要求是留下紀錄，而天啊，這又是一個多麼枯燥乏味的境界。

我搜尋過這個關鍵詞嗎？我想不起來了。我在這個資料庫中搜尋過這個關鍵詞嗎？我不確定。我上次在這個資料庫中搜尋這個關鍵詞是什麼時候？我毫無頭緒。

的確有可能會發生忘記搜尋過某些關鍵詞一事，因為資料庫是不斷地更新、擴充，而有些研究計畫可能需要很多個月，甚至多年才能完成。你可以想像，你可能會浪費多少時間重複進行已經做過的搜尋。

幸運的是，有個簡單的解決方法：利用表格追蹤搜尋工作。只需進行以下三個步驟：

1. 在左行中，輸入你預計搜尋的關鍵詞。

2. 在標題列中，輸入你預計查找的所有電子資料庫或圖
　書館目錄。

3. 在每一個空格內，記錄進行特定搜尋的時間。輸入搜
　尋日期，也許還需要簡要記錄找到的結果總數。

　　由此，便能節省大量時間並取得更完美的研究成果：對
於已經進行過哪些的搜尋，或是還要進行哪些搜尋，你都能
一目了然。

　　進一步的關鍵字搜尋技巧或下載追蹤工作表以及表2電
子版，請上 whereresearchbegins.com。

表2.　關鍵詞搜尋追蹤表

	資料庫1	資料庫2	⋮	⋮	依需求增加欄位數
關鍵詞1	☐	☑ 9/30/20			
關鍵詞2	☑ 9/27/20	☐			
……					
……					
……					
……					
依需求增加行數					

　　隨著你持續運用第一手資料進一步讓你的問題「臻於完善」，必定會帶來兩件有利於研究的事：在研究過程中，你最終一定會回答一些問題，而你會發現，有些問題實際上並不值得回答。換言之，你會發覺到，有些最初的問題大可放棄。

　　而這正是你希望會發生的事情。

　　這個過程會讓你感到不可思議。當你對問題進行壓力測試時，你會更深入了解研究對象。而當你了解得越多，你對於研究對象的直覺也會隨之提高。在「讓你的問題臻於完善」過程中，你也在精進自己的直覺。當一名經驗豐富的技師告訴你「你的變速箱似乎有問題」時，你會仔細傾聽，因為他們檢測異常的能力無疑是駕輕就熟。對於一般車主來說，任何大聲的噪音都可能促使我們提出很一般性的疑問：「出了什麼事？」而讓你的問題臻於完善將有助於你淬練出「真正」的問題，並樂於放棄那些因天真而產生的問題。

現在就試試：讓你的假設變得清晰可見

　　目標：意識到你在研究計畫中的假設，並利用這些假設來確認那一個驅動你提出研究問題的「課題」。

　　現在，你已經使用上述兩種技巧分析了你的問題，但還有一件事情要做：確認你的問題所根據的假設，讓它們變得更清晰，並且接納這結果。

　　你不是一張白紙，你在挑選主題和問題時便帶有諸多假設。這很自然——事實上，這是件好事。畢竟，這就是為何你認為這個主題有趣，以及為何你認為你的問題適合你的原因。每個人都會在研究計畫中攜帶自己的行李。

　　歡迎來到行李領取區。

　　有些老師會以粉碎你對世界的所有「錯誤幻想」做為他們的使命。

　　你認為，維京人是一群四處掠奪的野蠻人？看我揭開你無知的面紗！

　　你認為，日本社會高度同質化？看我把你的偏見觀點化為灰燼！

　　消除誤解在許多教學和研究情境中都很有用。然而，無論出於多麼良善的意圖，消除誤解的過程都可能會令人有所顧忌。看著其他研究者或學生被「糾正」，可能會讓其他人保持沉默，以避免自己尷尬。對於研究者來說，「糾正誤解」的模式還可能讓人產生一種徒勞的信念，即假設是敵人——它們是應該被隱藏的恥辱、需要克服的障礙，或者是自身無能的證據。

　　以自我為中心的研究方法，對假設的態度是很不一樣的，說明如下：

　　1. 假設應該是顯而易見的，從而可受公評。

　　2. 假設不應受到責難或壓制或避而不談，因為這樣反而

會讓人更是堅持己見。

3. 假設是必須被消耗的燃料。你可以利用假設同時實現兩個目標：你可以朝新方向前進，並在過程中消耗掉假設（這意謂著你最終會需要新的燃料）。

在研究過程的這個階段，你對世界的假設（即使是最天真或最負面的假設），都對你非常有幫助。如果在研究過程中沒有任何假設，那就像在無風的日子裡航行一樣。假設就像是你航程中的風，你必須運用它們讓船隻保持航行方向。

在評估假設之前（你馬上就要開始了），感謝它們幫助你注意到更多事物。假設是搜尋結果能夠引起你注意的原因。它們幫助你注意到第一手資料中的細節。正是你的假設與現實世界之間的差距，激發了所有具體的研究問題。你的假設塑造了你對現實的期望。當這些期望未能實現時，就是需要注意的時候了。

現在，就讓我們著手讓假設變得更清晰，以便讓它們接受批評和檢視吧！以下是具體步驟：

1. 回顧你最近提出的一系列問題，並反問自己：針對每個問題，必須有什麼先決條件，才能讓我在一開始便提出這個問題？

2. 列出你注意到的小問題或事物，並寫下可能會幫助你注意到這些問題的假設。

3. 將你對這個問題的假設列出清單，並分成以下幾個類別：

A. 你目前想要先著力的假設

B. 你想要立即捨棄的假設

C. 你不確定或難以取捨的假設

4. 寫下兩行理由，說明你為何將每一個假設歸類到特定類別。

5. 到此，回到列表上的所有被歸到 A 的問題。由於這些問題是建立在你經過反思後，認為它們是在沒有爭議的假設之上，所以這些問題維持不變。

6. 那麼，對於那些基於 B 的假設所建立的問題呢？雖然你很想，但現在不要急著捨棄掉！如果你發現它們基於薄弱、偏見或缺乏根據的假設，試著重新構思，讓它們不再依賴這些假設。它們是否可以被重新建構成更有根據、開放式的問題？在捨棄之前，先試著改善。

7. 至於建立在 C 假設之上的問題，它們介於中間。你很可能想保留在列表中，但也許要標記一下，提醒自己要密切留意，並在研究更深入時重新審視這些問題。

為了讓一切井然有序，請試著為每一個問題建立如表 3 的表格，你可以在其中識別並分析潛在的假設，並根據需要修改問題。

表3. 讓你的假設變得清晰可見

研究問題：		
假設 （用一句話描述）	類別 （A／B／C）	我為什麼把這個假設放在這一類中？（用兩句話解釋）
修正後的研究問題：		

　　以下是例子：想像你注意到並記錄了一封在二次世界大戰期間的一九四四年，兩個朋友之間的通信所出現的文字。或許有一特定的段落或句子引起了你的注意，也許其中一個朋友開了一個關於戰爭的玩笑，這件事讓你印象深刻。

　　在這個練習中，你的目標是去發想，你的哪些假設可能與這段話或句子互相矛盾，以推測出這段話或句子為什麼會突然讓你注意到。請隨心所欲地推測。你並不需要一下子就能「完全了解自己」，這需要時間。也許你認為在二次世界大戰期間，生活在那個年代的人們從來沒有想過拿戰爭開玩笑，尤其是到了一九四四年，而這場戰爭已經奪去了數百萬人的生命，摧毀了無數人的生活。或者，你打心底認為，戰時人們應該拒斥幽默，理所當然要表現得一副悶悶不樂的樣

子，才符合所處的嚴苛環境。又或者，你認為有一些事件和經歷是如此可怕，如大屠殺、亞美尼亞種族滅絕、奴隸貿易等，沒有人會想以詼諧的方式談論。

寫下每一個你可能會有的想法，即使你不確定，也不要以好或壞來判斷。這裡的重點不是以負面方式來讓你的假設現形。相反地，我們的目的是揭示你思考過程中被隱藏起來、卻深深影響你的思考方式的那些要素。

常見錯誤

- 未辨識出或透露出那些激發你研究問題的假設——無論出於何種原因，包括可能覺得尷尬或忸怩。請記住：你是在向自己坦承這些假設，如此你才能改善自己的思維。這裡不會有任何外在的評判。
- 不嘗試修改或重組根據 B 假設而提出的研究問題。
- 不予理會或捨棄 C 假設，而不是將它們做為一種自我反思紀錄的類型來進行檢核。記住：假設和真實世界之間的差距，可以催生出有用的研究問題。

現在就試試：識別眾多問題背後的課題

目標：識別隱藏在你草擬的眾多問題背後的課題。

現在你已經準備好進行一個關鍵步驟。在第一章中，你「尋找自我」以找到和主題相關的問題。現在你將再次尋

找自我，但這次會有更多的自我反思紀錄。截至目前，你已經完成了多項練習，衍生出大量與你的計畫相關的問題。現在，你必須釐清的是，在你心中將這些問題連結起來的課題是什麼？

　　嘗試以靈活但嚴謹的方式思考。你在目前已構思出和已累積出的不同問題和片段之間，可以找出哪些關聯性？是什麼促使你去尋找這些特定的事實？你可以針對這個主題提出任何問題——但為何是這些問題？哪些問題對你來說最具說服力（還有哪些問題好像不太重要）？只要釐清這些，你就會取得重大突破：你會辨識出連結你所有（或大部分）問題的基礎模式，成為一致的整體。換句話說，你會找到你的課題。

　　試試以下作法：

1. 把所有問題都擺在你面前。

2. 暫時不要嘗試回答這些問題。反而是反問自己：連接起這些問題的，有哪一些是你的重點所在？

3. 跳脫自我的框架。如果你是另一個人，當你看到這些問題，你可能會猜測連接起這些小問題的更深層次問題是什麼？

4. 寫下這些問題。

5. 如有必要，依照問題性質的具體或普遍的程度一一排序，標註為中級或高級問題。這些問題應該比你之前

　　針對特定事實提出的問題更具普遍性。

　　這些更高層次的問題可能並非前後一致。卻也不需強行連結起來。但要有足夠的啟發性，不如花些時間在這上面。哪幾個類別可以串連起你的兩個或更多問題？這種連結可能並非能夠立即被發現。若想一一找出來，可能需要和平常完全截然不同的思考方面。

常見錯誤

- 試圖回答多個問題，而非致力於辨識出隱藏在這些問題之下的重點。
- 沒有跳出特定的主題或案例的思考框架，忽略了更根本的問題或更深層次的重點。

智囊團：率眾尋找第一手資料

　　當你正在尋找課題，或者驗證你一直在研究的課題是否適合你時，現在和智囊團討論你的假設可能還言之過早。正如我們上面提到的，專家和權威人士「糾正」我們「錯誤」假設的情況非常普遍，以致你可能會想推遲這次的對話。

　　在這個階段，智囊團可以幫助你找到可用於讓你的問題臻於完善的第一手資料。在上面，我們提供了一些可供你在本章練習中使用的資料庫範例。你可以向你的智囊團說明這

些練習，並請他們建議你其他有用的資料庫、檔案目錄或第
一手資源庫。

你有一個要面對的課題了

你已經仔細檢視了許多實質性問題，並根據共同的重點所在
把它們歸類到更大的範疇下。你已經根據這些你所在意的重點提
出更高層次問題。可能你在一瞬間閃過的直覺，會讓你發現你最
在意的要事，從而使其他重點都黯然失色。或者，你仍在努力決
定哪一個對你來說最重要。如果你覺得自己還沒有足夠的自我反
思紀錄，你當然可以重複本章中的練習。但即使你認為已經有了
足夠的自我反思紀錄，你可能仍然會想知道：我如何才能確定自
己已經找到了真正的課題？

課題並非一時的。相反地，是持久且縈繞不去的。對你來
說，它不能輕易地被屏棄或忽略。芙烈達・卡蘿（Frida Kahlo）
受到一道課題的驅動而創作了超現實主義自畫像。在音樂
界，約翰・柯川（John Coltrane）譜寫出《崇高的愛》（*A Love
Supreme*）；比莉・哈樂黛（Billie Holiday）唱出了《奇異果實》
（*Strange Fruit*），這都是因為他們感受到內在課題的驅動。巴
布・迪倫（Bob Dylan）在「藍調時期」大放異彩，是因為他有
發自內在的課題。研究者也是一樣。

課題是個好事。課題是值得擁有、值得擔憂、值得沉思的好
事。我們所背負的課題可以被視為我們在生活中前行、與生命本

身有所接觸時所帶來的豐饒的挑戰。

　　然而，最終決定只能由你自己做出。只有你才能知道你內在產生的諸多迷人問題，是否能構成一個課題，或只是一系列複雜卻有趣的好奇心的表現。

　　你可能有多道課題，但現在讓我們一次只解決一道課題。我們將在最後一章討論如何處理其他課題。

第三章 | 規畫可行的研究計畫
Designing a Project That Works

　　當你找到一道課題，你必須決定可以運用現有資源完成哪些工作。特別是你必須思考你需要回答問題和解決課題所需的第一手資料，以及你完成整個研究計畫的資源（包括時間！）。

　　本章所討論的議題涵蓋了概念和實踐兩部分：什麼是第一手資料？哪些資料是你實際上可以使用的？你如何發掘出與你的主題相關的資料及該資料蘊藏的所有可能性，或超越人們對資料可能提出的常見問題，以取得你的原創性？你如何使用這些資料來找到你的課題？你可以使用這些資料提出哪些論點？你可以獲得多少資料？你有多少時間來分析？考量個人工作習慣、素材的限制或交稿期限，你要怎麼規畫你的研究？

　　從課題發展到研究計畫，涉及的遠不只上述的實際細節。研究計畫的規畫還包括自我評估和在心中對於每個步驟和最終結果的預想。哪種研究計畫模型或類型最適合你？你想要的最終成果是什麼樣子？

第一手資料及其運用方式
（或說，閱讀麥片包裝盒的五十種方法）

　　資料對原創性的研究極其重要，因此，如何識別、評估和使用，是實際執行的關鍵考量。研究者通常將資料分成兩大類別：第一手資料和第二手資料。而研究指南大多將第一手資料定義為「原始的」或「未經任何分析」的素材。第一手資料是你用來發展和檢視你對事實的主張、假設和理論的證據。第一手資料因研究領域的不同而異。對於歷史學家而言，第一手資料往往是追溯自他們所關注的時期的文獻，如信件和地圖，或者任何其他實體素材。人類學家可能依賴口述證詞或錄音檔。在文學或哲學等領域，第一手資料通常是文本。

　　大多數研究指南以類似的方式定義第二手資料。《研究的藝術》（*The Craft of Research*, 4th edition）將其定義為「以第一手資料為基礎，為學術或專業讀者所撰寫的書籍、文章或報告」。研究者利用第二手資料來「了解自身研究領域的發展」，並藉由「挑戰或借鑑他人的結論或方法」來「形塑新課題」（頁66）。

　　儘管我們基本上對這些定義抱持相同的觀點，但我們也想強調每一名經驗豐富的研究者都知道的風險，就是以絕對的態度定義「第一手資料」和「第二手資料」。我們建議不要僅將第一手資料視為存放在檔案館或線上資料庫中的老舊物件或文件，而第二手資料的研究成果只不過是將原料處理成最終產品（第一手資料的延伸隱喻）。如果第一手資料一詞令人聯想到老舊的手稿、

泛黃的照片、古代陶器的碎片或是一份幾個世紀前的報紙剪報，那麼你需要改變觀念了。

將資料的定義絕對化，會妨礙識別第一手資料和提出研究問題的過程，原因有二：

1. 任何資料都可能是第一手、第二手，或者不屬於你的研究的資料。
2. 一筆資料的屬性是第一手還是第二手，並不是固定不變的，而是完全取決於它和你試圖回答的問題，以及你試圖解決的課題之間的關係。

更精確的「第一手資料」定義如下：針對某個特定問題而言具有第一手性質的資料。

請注意，我們是以相對的方式重新詮釋資料的「第一手」性質。

以一本二〇一九年出版的美國大學歷史課本為例，若按照絕對的資料定義，這本書無疑不屬於「第一手資料」，因為其內容集結了多種學術研究成果。想要了解有關第一屆大陸會議（the First Continental Congress）或是美國內戰根本原因的人，不會把這本書當作與事件同時期產生的第一手資料，而是一筆第二手資料，這筆第二手資料綜合了基於第一手資料和第二手資料的歷史觀點。

然而，若是問題並不是直接與第一屆大陸會議或美國內戰原

因有關，而是關於教科書本身的歷史，或是關於美國高等教育如何在二十、二十一世紀呈現美國內戰的歷史，那麼這本二〇一九年出版的書籍又是哪一種資料呢？在這種情況下，一本原應是「絕對第二手資料」的書籍，突然又成為了「第一手資料」，儘管是最近才出版的。在這種情況下，這本二〇一九年出版的書籍將和其他相關的第一手資料並列在你的參考文獻中：例如一九〇五年、一九二三年、一九四五年等大學教科書。你或許得以取得該教科書作者的個人資料，或許可採訪負責二〇一九年書籍的學者和編輯，或許你還可以發現一所大學的課程大綱資料庫，以便研究該大學在一戰結束後、二戰前，或民權運動高峰期間如何解釋美國內戰。

　　讓我們更進一步來談。就像同一筆資料可以根據當下應用情境而被定義為「第一手」或「第二手」，同樣的資料也可以以截然不同的方式被當作「第一手」資料來使用。同一筆資料可以出現在不同的研究計畫的參考書目中，並可被不同的作者用於提出完全不同類型的問題。

　　想像一下，你在搜尋資料庫時，發現了一個一九六〇年代的麥片包裝盒。（右頁圖）

　　你不確定為什麼這個特定的圖片引起了你的興趣，但是你現在已經很清楚，「不知道為什麼」是完全沒問題的。不知何故，你覺得這筆資料對你的研究興趣而言具有某種「第一手」的性質，而你信任自己的直覺，當下便思考起這筆資料可以幫助你回答哪些問題。

　　此際，你必須做出決定：你處理這筆資料的方式，將是引領你走向更狹窄、或更寬廣的研究問題之路的分水嶺。

　　狹窄的道路是直接來到顯而易見的問題：關於飲食文化的問題，或者關於廣告或消費文化的問題。畢竟，你認定這是麥片包裝盒，所以我們想問的問題顯然應該與食品之類的有關，對吧？

　　這樣的話，那麼你正把自己的思考局限在一個包裝盒裡。

　　請記住：做為第一手資料，一個麥片包裝盒可以和無數與食品本身無關的問題有著「第一手」的連結。讓我們花點時間想想研究者可以用多少種不同的方式去「閱讀」包裝盒。或者，換不同方式說，讓我們稍微腦力激盪一下，想像有哪些可能研究計畫會將這筆資料──一個一九六〇年代的麥片包裝盒──納入參考

書目或資料列表當中。

甚至，我們還可以更進一步腦力激盪一下，根據這個包裝盒出現在哪些具體的研究計畫中，來思考它可能和哪些其他的第一手資料「並列」。

根據我們得出的結論，我們為所提的問題類型命名，並假設這可能與一個潛在的課題有關。

雖然表4中列出很多，但它們示範的，不過是基於單筆第一手資料，你的研究可以朝向多少種不同的方向開展。其中的關鍵是，當一筆資料毫無疑問地具有「第一手」性質，我們仍然要問：「第一手」的性質究竟是怎麼表現出來的呢？

表4. 麥片包裝盒挑戰：如何對第一手資料提出疑問

我注意到和該資料有關的事項	我可能會有的問題／重點	我可能想搜尋的下一筆第一手資料	可能與我的課題有關的更廣泛主題和／或問題類型
紙盒上的各式代碼（如印刷代碼、運送代碼，或現代麥片包裝盒上的條碼）	誰需要這些代碼？為什麼印在紙盒上的這個位置？怎麼讀取或解讀？麥片包裝盒從什麼時候開始使用這些代碼？	與雷射掃描有關的材料，及其在物流（消費者、運輸、郵務系統等）方面的應用。	技術 供應鏈物流 歷史
紙盒側邊的「營養標示和建議」	這些營養標示和建議是怎麼來的，又是由誰提出的？	早期醫學和公共衛生論文中，關於建議每日飲食攝取量的資料，以及發現／設計出卡路里概念的食材	生命政治學 能量和營養標準值 政府和工業的關係

（續）

通常可以在紙盒背面看到的「故事」	這個產品的生產者或消費者想要傳達的是什麼？關於消費者？關於公司？紙盒背面出現的故事隨著時間的推移有哪些改變？不同種類的麥片（如含糖麥片與「健康」麥片）有什麼不同？	其他也同樣講述故事的不同類型消費產品包裝（兒童玩具、運動器材、健康和美容產品等）	故事、敘述、談話 時間：未來和過去
紙盒的形狀、大小和尺寸	在包裝或包裝前，如何決定紙盒現有的重量和尺寸？在運送過程中的各個階段，紙盒在哪裡存放或保管？又會放多久？	與貨櫃運輸的早期歷史相關的素材	運輸 物流 全球資本主義
包裝上使用的字體	為什麼有些字體比較大？字體是如何選擇的？考量了哪些可能性，又排除了哪些可能性？	使用低成本、大量生產的紙類印刷品樣本，如電話簿、小報卜析聞、心理衛生宣傳手冊等。	印刷格式 設計歷史 設計層次
包裝盒的色彩風格和符號	影響整體色調風格的因素是什麼？紙盒上的符號代表什麼？	一九六〇年代左右，廣告代理公司內部對於色彩如何影響消費者行為的報告。同一公司生產的其他產品。	色彩心理學
藏在包裝盒封口下方的四色印刷標示	為什麼這個設計元素要放在消費者看不到的位置？為什麼出現在紙盒上？要怎麼使用？還有哪些設計元素是消費者「看不到」的？	其他同樣有隱藏設計的消費性商品或食品。	因應機器印刷的設計 隱密性

（續）

「最佳賞味期限」	保存期限如何計算，由誰計算？配送到其他國家的話，也會標示嗎？	美國食品藥物管理局（FDA）有關食用期限計算和提示消費者的規定。	食品安全政府監管制度（國家／國際）
用於製作包裝盒的紙張或卡紙	用於製作紙張或卡紙的樹種有哪些？這些紙在哪裡生產？每年有多少棵樹被用來包裝這項產品？至今，這是否（仍然）是業界標準？	使用原木和木漿原物料生產的其他物品。	環境史林木業
包裝盒封口的膠水和內袋	這個膠水使用何種材料製成？由誰製造？黏合劑如何選擇？大多數消費者要怎麼打開紙盒？生產商預期多少產品會過期變質而無法食用？	公司關於消費者行為的研發紀錄 與包材供應商的合約	化學
包裝盒封口處的紙張裁切	包裝盒會怎麼使用？曾考慮過哪些設計卻遭到否絕了？	其他需要重複開闔的食品產品	耐用性實用性
保存此麥片包裝盒的檔案收納箱或容器	這個包裝盒為什麼、又是怎麼保存下來的？由誰保存？對方又是如何存放的？存放的地方是哪裡？是意外保存了下來的，還是有特定目的而特意保存下來？	美國檔案管理協會的年度會議計畫	檔案管理文化／歷史價值的確立博物館學

（續）

價格標籤	這盒麥片的價格多少？其價格在何處以何種方式刊登廣告？對一九六〇年代的美國消費者來說，這盒麥片是便宜的、一般的，抑或是貴的？這款商品的供應情況？價格與生產和經銷成本相比的情況為何？生產商、批發商和零售商的利潤有多少？	所有雜貨店和食品生產商的歷史檔案，人們用以追蹤民生消費品成本的波動。	經濟歷史人口統計定價策略

　　掌握處理第一手資料的方法將提升你研究的原創性。你不會再以第一手資料的表面意義來看待它，或陷入僅提出顯而易見的問題的窠臼裡。你將能「跳出麥片包裝盒」進行思考。

現在就試試：
以閱讀麥片包裝盒的方式閱讀你的第一手資料

　　目標：養成習慣，對每一筆第一手資料提出多種不同類型的問題，以便發現不明顯、容易被忽視的課題。這項技巧足以讓你決定哪一個課題是你最感興趣的，同時提高你進行原創研究的能力。

　　現在，輪到你接受我們所謂的「麥片包裝盒挑戰」了。

　　運用第一章和第二章中學習到的搜尋技巧，並取得某一筆資料。而這筆資料應該對你具有明顯的吸引力，也就是

說，你會本能地認定，該筆資料對於你即將浮出水面的研究
重點而言，具有第一手的性質。

以表5為指引，盡可能留心手邊資料的多樣特徵。將此
資料一一拆解成不同的要素，一如我們解讀麥片包裝盒。盡
可能地確認每一項要素，不要少於十個。不要鬆懈。如果你
找不到相當於產品條碼之類的要素，那麼，很可能會有其他
特徵，能夠將你的資料以某種形式連接到更廣泛的系統或標
準化系統中。或許沒有過敏警告或營養標示，但很可能此資
料會與你關心的政治、經濟、社會文化或其他論述等廣泛的
面向有關聯。你需要從麥片包裝盒的例子中學習抽象和推斷
的技巧，因為你找到的資料可能不會有麥片包裝盒那麼多具
體的特徵。

當你填寫第一列時，試著去想像，如果關注資料裡的某
個或某些特點，你可能會提出哪些問題。思考要超展開。要
勇於挑戰自己。一刻也不停留。如果你所有的「潛在問題」
都不外乎……嗯……和麥片有關的，那麼你就知道，自己
想得還不夠。如果你放大視野並全心投入此練習，你很快就
會開始提出問題，而這些問題，這麼說好了，會讓你從早餐
麥片到靈光乍現只有一步之遙。將這些問題新增到第2列。

現在，想像一下對應每個「特徵─問題」組合的「可
能的下一筆資料」，並填寫在第3列。再一次，一刻也不停
留。給自己一個驚喜。你所以為的太過極端的想法，可能不
見得是那麼地脫離現實。

最後，回到你越來越熟練的內省能力，問問自己：

- 這些「特徵—問題—下一筆資料」三聯組合中，有哪些讓我熱血沸騰？

- 哪一組最能引起我的興趣？如果真要我大膽猜測的話，那又是為什麼呢？

- 哪一組讓我感到厭煩？又是為什麼？

- 這暗示了我所在意的重點可能是什麼？

- 這筆資料在我的問題和在意的重點上，為什麼被認為是「第一手」資料？

把這些通通寫下來。

表5.　如同麥片包裝盒那樣閱讀第一手資料

我注意到和該資料有關的事項	我可能會有的問題／重點	我可能想搜尋的下一筆第一手資料	可能與我的課題有關的更廣泛主題和／或問題類型

常見錯誤

- 僅提出與該資料表面上的主題有關的問題，不但顯然易見、不言自明，而且類型不夠多元
- 問題含糊且籠統，不具體、也沒有實質性
- 提出的問題類型過少——目標至少要有十個。即使有些看似牽強附會，但重點在於要有創意
- 針對「我可能想尋找的下一筆第一手資料」，只考慮你的領域資料（例如對於一個一九六〇年代的麥片包裝盒，只想到飲食歷史；有關「研究領域」的更多資訊，請參見第五章）
- 在完成注意事項、問題、下一筆資料和問題類型等表格填寫後，跳過以下兩步驟：（a）評估在現有結果中，哪些結果更吸引你，對你更有重要性；（b）寫下結果。

現在就試試：想像你的第一手資料

　　目標：確認並找出你最初可能沒有想到的第一手資料。這有助於提升研究的全面性、原創性和重要性。

　　進行原創性研究，需要找出其他人從未探索過的地方，以尋求你的課題的解決方案。

　　由於網路上可搜尋的資料量極其龐大，即使是最有經驗

的研究者，也很容易變成被動的旁觀者，任由圖書館目錄或資料庫來定義他們的參考書目範圍。畢竟，如果你「你的問題已臻於完善」，並使用上述技巧找出所有可能的搜尋詞，那麼還有什麼比運用盡可能多的資料庫並執行所有這些關鍵字搜尋，以獲得數千條第一手資料來得更重要呢？

　　現在難道不是我開始搜尋的時候了嗎？

　　現今的研究者在這裡經常會犯下兩項重大錯誤。他們認為：

1. 他們可以在網路上找到完成研究的所有必要資訊。
2. 所有在網路上的資訊都搜尋得到。

　　事實上，數位化的資料只占第一手資料總數的極少部分。湯姆所在的史丹佛大學圖書館是全球最先進的數位化機構之一。儘管如此，史丹佛大學圖書館中數百萬的檔案和手稿資料，僅大約百分之一已數位化，其餘仍以實體形式保存，而且有些永遠會是如此。如果我們只用網上關鍵字搜尋來進行研究，就等於將百分之九十九或更多的潛在資料排除在外，甚至不曾查看，也或許從來都不知道其存在。

　　研究者犯下的第二項錯誤可能更嚴重。當我們讓資料庫和搜尋結果定義參考書目的形式和內容時，我們便放棄了做為研究者的批判能力。我們停止對研究對象提出批判性問題，停止運用創造力和想像力，而這些原本可以深化我們對於主題的投入程度。

　　與其任由關鍵字搜尋定義資料的範圍，不如讓筆電關機或關閉瀏覽器，讓想像力馳騁，在你的腦海中設想與主題相關的資料可能會出現在何處，這些來源可能會以何種格式和文件類型出現，以及誰或哪一個組織可能會製作這些資料。換言之，不要限制自己只搜尋已知的資料（資料庫結果），而是擴大搜尋範圍，包括那些可能存在或應該存在的資料。

　　這是一個很特別的練習，而且研究者大多被鼓勵不要這樣做。我們不被允許（出於好的理由）「捏造」假設性的資料。但在這種情況下，我們要求你做一些稍微不同的事。

　　我們相信這種想像力的練習，是優秀的研究者和好的研究者之間的重要差異。

　　假設你對二十世紀初紐約工人階級婦女的生活感興趣。與其一味地進行關鍵字搜尋，不妨坐回到椅子上，盯著天花板（或閉上眼睛），問問自己：這些人的生活會記錄在哪裡？他們可能在哪裡留下生活的痕跡？在一九二〇年代，紐約市的醫院是否保有病人病歷？當年的學校有哪些關於學生的紀錄？雇主呢？移民文件呢？結婚證書？受洗紀錄？人口普查？刑事案件？電話簿？你可以用同樣的問題提問一七二〇年代的俄羅斯農奴、一八二〇年代的奧匈帝國菁英，或現今塞內加爾的學校教師。

　　簡而言之：什麼是檔案？

　　要回答這種程度的問題，需要經過讓問題臻於「完善」此一特別的步驟（見第二章）。你必須充分了解某個時間、

某個地點（例如一九二五年的紐約、一八二五年的的里雅斯特或二〇二二年的達喀爾）的社會運作方式，以及它們如何產生可做為證據的痕跡。雖然你可能對俄羅斯帝國的刑法歷史、美國的大學管理或西非的海關辦公室沒有興趣，這些可能都不是你的主要研究「主題」或「課題」，但如果你對這些有一點了解，將有助於你想像那些你感興趣的人可能留下痕跡的地方。

有時，為了了解具體的細節，你必須從系統性、制度化的角度思考。

想想每個人在日常生活中每週、每天、甚至每小時、每分鐘留下的所有訊息碎片。信用卡付款紀錄、通勤途中搭乘大眾運輸時所使用的實名制IC卡、畢業紀念冊照片、節日賀卡、交通罰單、選民登記造冊等。我們在許多不同地方都留下了數以百萬計的資訊碎片。當然，並非所有碎片都可以一一拼湊起來。有些碎片（我們希望）被鎖在電子保險箱中，有些碎片不久之後就會銷毀。還有一些碎片，即使找到了，也可能無法聯繫起和你之間的關係。

然而，有些碎片可以。

現在想像一下，假設在遙遠的未來——如西元二五〇〇年——有人嘗試藉由搜尋第一手資料來重建並理解你的生活。假如那個人對於二十一世紀的信貸機構、法律系統、選民登記造冊、電子郵件或社交媒體的歷史一無所知（或知道卻忽略它們，因為認為這些並不是他們的研究主題），那麼

該研究者就會錯失大量的素材。

這下子，你可以理解為什麼需要花時間對資料做出一些想像。關鍵字搜尋並非永遠是最好的起點，也不會因此而找到你所需的所有結果。相反地，你必須設想哪些地方可能保有哪些資料，接著，才又回到搜尋的工作。到那時，你會很清楚，資料可以在更多、更不同的地方找到。而你的目錄清單、資料庫和檔案的數量將更多、也更多樣化，你將會發掘更多的一手資料，提出更有用的問題，並以你沒有預料到的方式深化研究。

這個練習步驟非常簡單：

1. 像往常一樣，盡可能精確地寫下你的研究問題。
2. 腦力激盪：針對我的研究問題，哪些可能是第一手資料？
3. 盡可能記下多種類型的資料。
4. 非必要選項：如果你有多餘的時間，只要不會分散你完成步驟1至3的注意力，就試著去找找看非必要的資料。如果你找到任何一個，就用來進行「麥片包裝盒挑戰」。

常見錯誤

- 腦力激盪時，只關注單一案例，而忽略了該案例所屬的更廣泛主題範疇，以及產生並呈現與案例相關資料

的特定社會機制及建構

- 因為某項資料似乎與你的主題或關鍵字無關而將它排除
- 擔心你是否能夠真正獲取你想像中的資料
- 不把想法記錄下來

連連看：從資料到論點（Argument）的連結

現在，你面前有一筆第一手資料，也或許是好幾筆。然後呢？我該怎麼做？如何從這筆資料中提出一個「以論點為導向的論證」（thesis-driven argument）？我應該從何處著手？我應該筆記什麼嗎？

這些都是很合理的問題，但問題不是只有這些而已。

你的方法學的挑戰同時包含了實務和倫理層面：

1. 需要多少第一手資料，以及哪些類別的第一手資料，才足以支撐我的研究？
2. 如何評估資料是否可靠或有用？
3. 如何確認並排除與研究無關的資料？
4. 如何確定資料之間的關聯性？
5. 如何使用各種資料提出論點，或表達我對這些論點的確定程度或懷疑程度？

　　這還真的是連珠炮似的問題，因此不如讓我們花點時間思考如何把這些問題點連接起來。

　　在我們還小的時候，許多謎題無非是來自遊戲盒或書本當中。這些謎題是由其他人創造出來的，以遊戲的形式呈現給我們：像是填字遊戲、拼圖、猜字謎等。無論是為了測試我們的智力，或是為我們帶來趣味消遣，這些遊戲都是其他人已經知道答案，然後才為我們量身打造、準備就緒的。

　　還記得「連連看」遊戲嗎？頁面上有許多點，每一個點都有一個數字，解題者要畫出一組直線將點1連接到點2、點2連接到點3，依此類推（見下圖）。在連接所有五十多個點之後，神祕圖像就會顯現出來。在某些情況下，這個圖像是某個問題的答案，例如「地球上最大的動物是什麼？」

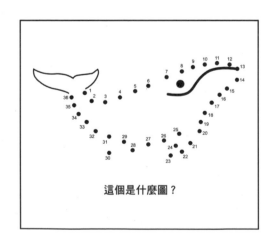

這個是什麼圖？

　　但如果不是像上述的連連看謎題，而是如右圖所示，只是一個點：

●₁

這個是什麼圖？

　　你看到這裡的問題：運用單一的點（即單一資料），你可以畫出無限多條線，這意謂著實際上所有的圖片——也就是任何論證——都能夠在僅有一筆資料的基礎上得出來。

　　即使有兩個或三個點，這道謎題也是沒有任何限制的。

　　當只有一個點或僅有幾個點時，你要怎麼把這些點連接起來？你才剛起步，要如何做出解釋、提出論證——也就是連接起這些點的推理線？如果你只有一個、兩個或三個點，即使你非常渴望建立起「以論點為導向的論證」，但你在這個階段要怎麼做到呢？

　　你做不到，也不應該這麼做。

　　在研究的早期階段，面對無數的可能問題和解釋，任何試圖連接起這些點的嘗試都會快速擴散到無限大。這個謎題是解決不了的。無數的線條——對於研究者而言，就是敘事和詮釋——可以透過這些少數的「點」或資料繪製而成。

　　然而，這裡的功課不僅是你需要足夠的資料來連接一個構成好論點的各個點。它牽涉到遠比此還要基本的道理。

　　隨著時間的推移，我們發現謎題不再是準備就緒後，再等著我們去解決。反之，主要的挑戰不再是解決問題，而是創造出一道不凡的、非預先決定的、開放式且有意義（無論答案如何）的謎題。為了創造出謎題，我們需要能夠想像和辨識未知的事物。

　　舉例來說，當今關於機械設計方面的挑戰，諸如自駕車或人工智慧，可不只是填空、拼圖這等問題，而是仍處於以準確的方式提問的過程，更不用說解決問題了。我們要如何將人類經驗的複雜性轉化為機器可判讀的內容？我們要怎麼將「生命」和「死亡」等概念轉化為穩定、可供對照的生活經歷和事件，不但可留下紀錄，而且也可數位化？哪些人類行為可以藉由演算法來預測或左右？

　　讓我們看看，如何將連連看這個類比運用到我們身為研究者的工作中。在新的研究計畫的開始階段，研究者面臨著自己的連連看謎題，只是這道謎題的表現方式與藍鯨或大數據等例子都不同。研究者不僅僅是接收事先準備好的、所有的連接點都明確編號列出的現成謎題，而是需要完成以下工作：

- **找到連接點！** 與先有答案再設計題目的謎題不同，你的連接點並不是全然按順序排列在頁面上。你可能會偶然發現一些點，但大多需要依循某個目的才搜尋得到。
- **確認哪些點符合「你的」想像中的畫面**，及哪些點又屬於

其他。由於這些點沒有編號，你必須保持開放的心態，並設想多種可能的結果。一名考古學家在正確的地點挖掘恐龍化石時，他的優勢在於所有骸骨都在同一個地方，不過，這些骸骨可能和其他的骨架混合在一起，即使沒有這種情形，考古學家仍需要找出任一片骸骨和其他骸骨的連接之處，才能重建完整的骨架。同樣地，挖掘中國古墓內的文獻的考古學家也面臨類似的問題。文獻通常是寫在竹簡上，再以繩子綁在一起。一個墓穴可能藏有許多文獻。但在地下幾個世紀後，繩子會腐爛，留下一堆刻有文字的竹片。考古學家可能有幸一次發現許多「點」，卻還是需要區分一個又一個的文獻，然後將竹片按順序排列。即使你手中握有所有資料點，你仍然需要知道要如何進行分析，以便得出正確的解決方案。

- **確定哪些「點」實際上根本不算是點**，而是污漬。我們稱這些為非資料。資料之所以是資料，是因為對試圖回答問題或解決課題的研究者具有實用價值。資料的有用與否是相對的，它們可能有用，也可能不那麼有用。你可能會將一件物品認定為「他人」的資料而不是「你」的，因為該物品與他們的課題相關。想像一下，嘗試發現新星、新星系或黑洞的天文學家，必須在三度空間和極遙遠的距離外過濾宇宙的噪音。並非宇宙中的一切都是資料。另一方面，你可能會發現，起初看起來像污漬的事物，竟然相當有趣。一個小點可能會改變你整個研究的方向。

- **「即時」處理上述工作**。這些資料點不僅沒有標上號碼，你甚至必須先找出來，當你找到自己的點並建立關聯時，你很可能不會先發現點1，然後是點2，然後是點3。你更有可能是先發現點74，接著是點23，依此類推。你的工作因此而變得更有挑戰性，因為你必須在不確定是否擁有足夠資料的情況下開始解讀資料。訪問另一處檔案館、查看數位資料庫、進行另一天的民族誌研究、另一天考古挖掘、又一天的待在化學分析實驗室、另一次的口述歷史訪談，或僅僅是再次聆聽採訪錄音──這些行動都會讓你在頁面上增添更多的點。隨著更多的點出現在你的頁面上，想像中的畫面變得更清晰了。而每個新增的點無非是平添了一個限制，限制住可行的解釋方式。在你最初的幾個點之間，曾經有無數可能的解釋線，但隨著你的資料變得更好，其中許多線被排除了。透過增加和觀察新的限制，你會更接近你的答案。

- **判斷點的數量何時足夠**。顯然，有多少資料點才足夠──何時停止挖掘骸骨，何時開始撰寫報告──這些問題的答案將因研究計畫而異。在研究過程中，你將學會判斷獲取特定資料的可能性、資料的可靠性以及你的結論的正確性。

資料本身不會說話

在你開始把某些（還不是全部）資料點連接起來之前，需要考慮有關使用資料的倫理問題。

大人的謎題和我們孩提時代玩的謎題之間有一個區別：你可以決定如何畫線。在兒童的謎題中，兩個相鄰點之間的線條多是直線。遊戲就是這麼設計的。然而，寫作是一種不同的藝術形式，當你建構自己的論證和解釋的敘述，或者當你講述自己的研究發現時，你可以選擇使用直線或曲線來連接自己的點，或者最有可能的是兩者的結合。

假設在研究早期階段，我們只知道，某個歷史人物的五項基本事實引起我們的興趣：

- 出生日期
- 成長的城市
- 接受教育的機構
- 獲得的學位
- 死亡日期

現在考慮以三種完全不同的方式來連接這些點：

1. 直線（嚴實；未詳細闡釋）
2. 曲線（鬆散；部分闡釋）

3. 鋸齒線（非常鬆散；極高程度的推測）

直線

　　約翰‧史密斯於一九一四年出生於芝加哥，並在當地成長。他從伊利諾伊大學獲得工程學位，於一九八九年去世。

　　這就像使用直尺在實證點之間畫一條直線，因為「堅持事實」並免去了任何闡釋。同時，它可說是缺乏詮釋力，感覺起來靜態，甚至毫無生氣。

　　接著，想想下一個稍顯鬆散的連接方式。

曲線

　　約翰‧史密斯於一九一四年出生在歐洲大戰前夕。他在當時的工業中心芝加哥成長。他從著名的伊利諾伊大學獲得工程學學位。他於一九八九年去世。

　　在這裡，研究者的敘述已經「貫穿」了每個點，並且還為文章提供了額外的語氣和背景。這種補充背景雖然從經驗上可證明（第一次世界大戰確實於一九一四年開始，芝加哥也的確曾是工業中心），但仍呈現出作者的選擇，甚至是策略。史密斯的生活是否受到第一次世界大戰的影響？他的生活是否受到芝加哥的經濟史所影響？大學的聲望和史密斯的生活有多大的關係？「去世」是指他平靜地離世嗎？在這裡，作者沒有以明確的方式告訴

我們，他僅僅在暗示。身為讀者，我們會想：這些背景是否相關，或是可茲證明？

接下來，看看極為鬆散的描述。

鋸齒線

約翰·史密斯的出生恰逢一起全球歷史事件——一九一四年，第一次世界大戰爆發；而他的死亡又是另一場際遇——一九八九年，柏林圍牆倒塌。他在伊利諾伊大學取得了工程學學位，這一選擇或許是受到他在芝加哥的成長經歷所影響，當時芝加哥是由「建造者大比爾」湯普森市長（Mayor "Big Bill the Builder" Thompson）所領導的工業中心。

在這第三個例子中，作者顯然過度引申。儘管他們沒有說出任何與事實不符的資訊——所有的點都是正確的，而且所有的點都有相連——但其中卻隱含了許多可疑的因果關係，也沒有任何支持性的證據。史密斯在湯普森市長任期下的芝加哥成長，是他學習工程學的「原因」嗎？史密斯的出生和死亡恰巧與歐洲發生的這些事件時間重疊，這真的很重要嗎？（柏林圍牆倒塌時，壓到他了嗎？）我們總能找到與任何人的出生和死亡年份相符的重大事件，難道不是嗎？

以下是幾個關鍵的要點：

1. 資料自己不會說話，也無法和你爭辯；因此，你有責任盡

可能正確地呈現資料。一旦你著手處理第一手資料，就必須做出倫理上的決定，第一步便是盡可能忠實呈現。

2. 研究必須誠信，不僅要有事實認定，而且也不能強迫這些事實說出不切實際的故事。對資料的忠誠度不限於實證、準確性的問題。正如先前提到的，即使作者完全根據「事實」（柏林圍牆確實在一九八九年倒塌），仍然有方法透過連接資料點「強迫」它們說出作者想說的話。

3. 從資料到論證的點到線之間的關聯，向來都是涉及倫理責任的有意識的選擇。不要以為只要用「直接的」或「客觀的」的方式處理資料，就算是盡了身為一名研究者的責任。直接將點連接起來的方法並非純粹、完美，也不是永遠可行的。死板的事實羅列可能會帶來不良影響，例如忽視必要的背景或者是基本問題。對於研究者來說，點與線之間的連接，向來涉及有意識的選擇。此處的關鍵並不是要避免或淡化這種責任，而是盡可能有意識地且有據可循地去做出這些選擇。身為研究者，做出決策是你的責任。在每個研究階段與時刻，你都必須做出選擇。

在決定如何處理資料時，務必注意：雖然資料本身不會說話，可是這並不代表它們只是受到研究者意志操縱的被動對象。即使它們是沉默的，也具有某種能動性。

資料可能包含以下幾種樣貌：

- 不完整或片段的。根據我們的經驗，大多數資料都是如此。
- 有意欺騙——就等於是「偽點」（pseudo-dot）。文件可能會說謊。同樣，受訪者、物品和觀察者也可能說謊。
- 偶有錯誤。人們（及其留下的各種言論——文件、錄音等）可能因為自身所依賴的錯誤或不完整的資訊，在無意中誤導他人。
- 有偏見的——誠懇或出於善意地嘗試　述真相，卻被無意識的偏見扭曲。也許當時他們認為太陽圍繞著地球轉。也許他們對人或者植物有不同的歸類方式。也許是出於他們的身分背景，他們會告訴你，「我的文化不相信X」。他們的說法可能只是推測或是出於自我投射。
- 受到明示或未明示的目標所驅使。他們可能試圖說服你採納某種觀點或接受某種思維方式。
- 不一致的。資料可能有時可靠，有時卻不可靠。即使是專家也會犯錯。

　　優秀的研究者之所以採取批判性和探究性思維的原因有很多，上述不過是其中幾項。他們意識到，無論資料看起來多麼可靠或權威，我們都必須有所質疑。我們必須尋找證明或否定的證據，因為兩者都很有意義。在評估你自己的資料時，請利用上述要點製作一份檢查清單，並記下你可能想要採取的進一步步驟，以便更進一步的理解。

　　在研究的早期階段評估資料時，請記住以下重要事項：即使你找到的資料符合上述要點中的任何一項，它仍然可能對你有用，因此請勿不經思考就將其捨棄。相反地，請將其納入你的問題產生過程中。為什麼這筆資料會想要騙過我？這筆資料所代表的現象是什麼？在產生問題或進一步讓問題臻於完善時，沒有所謂「糟糕」的材料。放射性物質是可以用來產生能量的。若你遇到可疑的資料，請用來產生能量，讓你達成目標。

現在就試試：用「你的」資料玩連連看（用鉛筆）

　　目標：在研究的早期階段開始對資料展開評判性思考，同時保持靈活性和包容性。

　　我們這樣是不是有點操之過急？畢竟，你還在搜集和主題相關的資料，並判斷它們與課題的相關性。你還在思考它們是否「對於」你的課題而言是「第一手」的。而現在便要開始進行篩選，或依號碼來排列讓它們形成一種模式，是否言之過早？

　　是對，也不對。

　　再次強調，研究是一個非線性過程，這就是為什麼我們不斷鼓勵你用假設的模式來思考你的想法、問題和資料，並不斷思考如果是這樣呢？我們希望你在啟動研究旅程之前，有足夠的時間盡可能多次性地規畫、重新規畫你的路線。

　　事實上，這意謂著你必須要意識到所研究的議題，例如

你很可能需要創作自己的研究謎題，而不是去找現有、現成的問題——你必須嘗試不同的可能性，而不是急於提出問題或強迫自己展開研究。

對於這項練習，請嘗試用你的資料去連接某些點，但請使用鉛筆，以便你可以隨時擦掉線條並繪製新的線條。先假設你到時有必要這麼做。

這些步驟不難，但必須先將你截至目前為止，在創作自我反思紀錄方面所做的一些努力，和一些關於如何整合的新想法結合起來。現在，根據你目前在研究過程中所處的階段，回答以下問題。這是一迭代過程（iterative process），需要多次修正和更新，因此請根據需要重複進行。

1. 我的「點」（資料）在哪裡？請參考你為「想像你的第一手資料」練習所寫下的內容，試著回答這個問題。

2. 我要如何判斷哪些「點」屬於我想像中的畫面，哪些又是屬於其他人的？要回答這個問題和下一個問題，你需要盡可能誠實地說明是什麼課題激發了你的研究。

3. 我要如何判斷我擁有的資料中，哪些是實際的「點」，而不是污漬？

4. 哪種方式是排列我的「點」最好的方式，由此，才能創作出一準確的立體畫面？這是完成初稿過程的一部

分：你要透過不同的配置方式來架構並排序你的資
料，嘗試探索一些敘述的可能性，看看這些資料是怎
麼在你的敘述中彼此對話。當然，關鍵是不要把謎題
的任何部分勉強兜在一起。

5. 我需要多少「點」，才能回答我的問題、解決我的課
題並完成我的研究？雖然你的智囊團可能可以幫你做
出評估，但這是只有你自己能夠回答的問題。

常見錯誤

- 認為在開始這個過程之前，必須先掌握所有的資料。
  開始這個過程時需要多筆資料（點），但不需要全
  部。

- 用原子筆或鋼筆書寫，而不是鉛筆。你必須體認到，
  你此際在資料之間所建立的聯結，必然是暫時性和推
  測性的。你未來必然會需要重新評估你的判斷，不要
  認為你必須「堅持」最初的想法。

盤點你的研究資源

你已經握有一些資料，並用來思考你的主題，也聚焦在你的
課題上了。你已經考量過資料的統籌運用和倫理等因素，追蹤關
鍵字搜尋並注意如何將所有「資料點」連接起來。現在，你應該
處於思路逐漸成形的狀態，同時對於研究會是怎樣的走向保持開

放的心態。但要將研究想法轉化成研究計畫，你需要考量一系列其他現實因素，包括以下幾點：

- **時間**。你實際上有多少時間可以進行研究？你必須在何時完成這個計畫？在這段時間內，你是否能夠合理地解決你的問題？在此期間，還有其他事情會占用你的時間嗎？
- **資金**。你需要花多少錢來進行研究？有哪些資金可供你運用？這些資金將支持哪些類型的研究花費？是否足夠？如果不夠，是否有方法可以重新分配你的工作，使其在財務上可行的同時，保有你的核心課題？
- **寫作速度**。你是那種能在緊迫的期限內快速完成寫作的人？還是你需要時間思考問題？你的研究是不是愈快完成愈有意義？
- **家庭責任**。你的人際關係是否影響你進行研究的時間？你的家庭義務允許你進行哪些類型及分量的研究？你是家中的照護者嗎？你的工作時間能否切割，並分散在較長的時間內進行？或者，你的研究需要長時間不間斷的工作才能完成？
- **資料權限**。你是否能夠取得進行研究所需的素材？圖書館是否訂閱了你可能需要的資料庫？你是否能夠獲得你認為對該研究而言必要的檔案、公司文件或私人文件？你的研究是否具有政治敏感性？如果是，你是否能夠獲准取得相關資料？

- **風險容忍度**。在戰場或火山上進行研究的研究者，無疑是將自己置於生命危險之中。你對風險的容忍度如何？萬一你感到不適呢？你有辦法長時間身處在遠離醫療設施、電力和自來水等基礎設施的地方工作嗎？要實際一點。

- **能力**。你或你的研究團隊的專業是什麼？你會說和讀哪些語言？你是否具備進行這項研究所需的專業知識？

- **研究對象**。你的研究中是否包括弱勢群體（例如邊緣社群或兒童）？你是否需要倫理委員會核准，方能涉及人類對象的研究？你是否已充分準備好嚴格應對這類研究的特定挑戰，例如保密性、資訊安全等？你是否能夠確保資料源頭的安全，還是你的工作會危及他們？

- **個性**。研究者自身的個性是最抽象，卻也是最重要的因素之一。雖然「外向型」和「內向型」是用於分類個性的粗略二分法，你仍需反問自己以下關鍵問題：在哪些情況下我會覺得我的內在電池已經充飽電，在哪些情況下我會覺得電池逐漸耗盡？頻繁的社交活動是否會讓我感到精力充沛，或者我更喜歡獨自工作？考量過後，我的研究在實際上將會是什麼樣子？是否需要長時間獨自閱讀？或者是否需要從早到晚埋首於實驗室或完全投入田野調查，以致我少有時間或根本沒有時間獨處？

此處的重點不在於要你對自己、自己的身分和能力有「本質性」的要求。無論你現在認為自己是誰，請記住，研究是具有強

大影響力的過程，往往會挑戰甚至改變研究者。因此，一旦研究讓你展現出你不曾自覺的性格特點，也不要感到驚訝。同樣，在某些情況下，一項研究可能對研究者而言非常重要——他們的責任感或許會非常強烈——以至於這一次，他們願意走出舒適圈完成這項工作。

只要記住：意識到自己的局限並依此行事是可以的。而選擇不進行一項會對自己造成傷害的研究同樣無可厚非。

最重要的是，請記住：即使你決定放棄一項研究，也不代表你放棄了自己或你的根本課題。正如我們前面提到的，以及在本章稍後會更深入談到的，你可以在另一項研究中找到你的「課題」，並以同樣有意義、嚴謹的方式去探索。

現在就試試：決策矩陣（Decision Matrix）

目標：想像哪些因素對研究的成功與否會帶來最大的影響，無論影響是正面或負面，並相應地調整你的研究。

表6.　實際的影響因素：

• 時間	• 家庭責任	• 能力
• 資金	• 資料權限	• 研究對象
• 寫作速度	• 風險容忍度	• 個性

表6羅列出幾項實際的影響因素。

依照以下步驟，以表7為指引：

1. 將你目前想像中所有可能影響研究的因素列成清單。

　目標是列出十至十五個因素。

　表達的方式或許如下：

　「我喜歡和陌生人交談。」（個性）

　「我必須在每週一至五下午三點接孩子。」（家庭責任）

　「我很擅長數學，而且喜歡統計學。」（能力）

　「我得獲得Ｘ資助，才能進行田野研究。」（資金）

2. 將每一項因素分類為正面或負面。例如，如果你在社交場合中表現出色，並從與陌生人會面和互動中獲得能量，而你正構思一個需要大量採訪的研究計畫，你便可以將其歸類為正面因素。相較之下，如果你在社交場合中面臨嚴重的焦慮，那麼則可視為負面因素。

3. 根據你認為對研究的影響程度，將每一項因素的影響程度分為高、中或低。

　關於步驟2需要注意的是：當我們談論「正面」和「負面」因素時，目的不是要對我們做為人的價值進行評判——無論是外向或是內向，在本質上都沒有好壞之分——而是評估你所構想的研究計畫與你這個人的合適度。目的是列出清單，給自己一個誠實、毫無遮掩的概述，說明可能影響研究的不同因素。

表7. 建立決策矩陣

高度影響	因素1	因素2	因素3	因素4
正面				
負面				
中度影響	因素1	因素2	因素3	因素4
正面				
負面				
低度影響	因素1	因素2	因素3	因素4
正面				
負面				

請依照需求隨意新增其他因素和欄位到表格中。

如果對你有幫助的話,你可以為這些因素另外整理出大綱,或是「如果怎樣／就會怎樣」的情境列表。

無論你選擇哪種方式,在規畫執行研究計畫時,盡可能詳盡地納入所有細節,並對自己的能力和限制進行誠實的評估。

你要清楚地指出哪些因素最具決定性、哪些則否,運用這個排列層次來推斷你進行不同類型的研究的成功機率,並根據情況調整研究問題。

常見錯誤

- 低估完成研究計畫所需的時間
- 只列出「專業」因素，而沒有包括可能對研究進度產生實際影響的個人因素
- 沒有考慮研究倫理的因素，例如涉及人類對象的研究對參與者的影響

智囊團：你的決策矩陣是否完整？

當你對不同研究情境的可行性進行了自我評估，並記錄在你的決策矩陣中之後，請和智囊團討論。他們或許能夠指出你尚未意識到的資料、研究工具或限制，甚至可能介紹你認識對你希望造訪的檔案館有直接經驗的人。與你的指導者討論可能是你調整研究範圍的有效方式。

兩種類型的備案

當然，我們希望你規畫的研究進展順利，一切都能如期進行。只是萬一情況不如預期，你要準備好其他可能的途徑。身為研究者，我們所做的大部分工作都是某種形式的備案。及早學會靈活應變也是工作內容的一部分。事實上，研究的樂趣之一便是克服挑戰，或是讓自己足夠靈活、敏銳，以避開各種阻礙，最終達成目標。

請思考以下兩種情境。

情境一：相同的課題，不同的案例

當你找到了對的課題，但由於現實因素而無法展開你構想的研究計畫時，你會怎麼做？

墨磊寧老師資訊史這門課的某位學生來研究室討論論文主題。該學生對行動主義、抗議活動以及網路社交媒體的線上組織與現實世界中的線下組織之間的關係深感興趣。如果兩者之間有關係的話，會是什麼樣的關係？「黑命攸關」（Black Lives Matter，簡稱BLM）運動對該學生尤其重要，因此他們最初的問題是：BLM倡議者如何使用網路組織的手段支持現實世界的示威和行動？

這個主題和問題很棒，只是研究方法上的障礙令人卻步：倘使學生有數個月的時間進行BLM行動者的訪談、參與民族誌研究、並獲得信任，取得他們的個人帳號和活動紀錄（文件、電子郵件等），這可能會是個重要的研究計畫。可惜的是，學生只有幾週的時間來制定並完成計畫，也無法取得參與者的個人資料，也沒有時間進行必要的民族誌田野調查以形成可靠的實證基礎。學生徒有一系列的好問題，條件卻不足以讓研究按照設想的方式完成。即使是經驗豐富的研究者，也無法在短短幾週內完成這樣的計畫，即便真的要做，也必然會嚴重簡化研究對象的複雜性。

那麼，該怎麼辦呢？

學生和老師都沒有放棄這個課題，他們繼續對話，試圖探究

問題更深入的層次。他們沒有被「社交媒體」和「線上組織」等詞彙牽著走，而是嘗試去釐清這些名詞所隱含利害關係是什麼——各個名詞何以可以成為「一案例」。學生的興趣是否與推特和臉書有根本上的關聯？（不，不見得。）其他種類的通訊和資訊科技是否也會引起他的關注？比如說，如果我們想像在一九一〇年代或一九六〇年代出現了BLM運動，那時的電話、甚至電報等技術對他來說會有趣嗎？（有興趣。）

那麼早期的民權運動呢？重點一定要放在「黑命攸關」上，或是歷史上更早的運動也有參考價值？（是的，但必須是解決種族不平等問題的運動。）

這些練習使學生能夠非常快速地識別出其問題背後的潛在「課題」。

突然之間，研究者開啟了各種可能性，足以思考各式各樣的案例，同時仍然保持其核心課題不變。「自由乘車者」運動（Freedom Riders）、小馬丁・路德・金恩（Martin Luther King, Jr.）或學生非暴力協調委員會（SNCC）在其行動過程中如何使用通訊技術？或者，甘地（Gandhi）或凱薩・查維斯（Cesar Chavez）呢？特別是，這些組織不只是預備動員時，而是在「即時」的緊急情況下（例如重要成員被捕、需要應對突發的身體狀況、需要在不斷變化的情況下向新聞媒體傳達資訊等），是怎麼運用技術的？這些活動，都在當前的網路時代被視為理所當然。

頓時，這個研究計畫不再需要花費多年的時間專注於民族誌的工作上，或必須取得社會運動者的私人紀錄才能開展。因為這

名學生意識到,他的研究背後所代表的更核心的「課題」,將有可能透過不同的方式來解決。無論是在附近圖書館、博物館或學院檔案中尋找實體資料,或是經由線上檔案庫搜尋,找到相關第一手資料的機會將大幅提升。

此處的關鍵點在於,身為研究者,你要了解研究課題的**真正核心**,而不僅關注其某個「案例」。這樣,你無疑擁有了暢行無阻的通行證,讓你能夠前往各個不同的地方、時代和社群,而這所有的過程中,都不會離開研究的「中心」。即使這名學生在與老師的談話後,立即發現了一個未知的、與「黑命攸關」運動相關的一手資源庫,足以讓他在報告期限之前進行研究,他也會受益於這種自省的過程。學生因了解研究問題的核心,將能以更深的洞察力來處理這個案例。例如他不會假設 BLM 的組織方式是史無前例、完全仰賴社交媒體而存在。學生可以將這種「線上─線下」的關係置於更廣泛的歷史背景下思考,例如技術媒介下的通信以及現場組織。無論哪種方式,學生的研究都將令他對課題的理解更加深刻。

簡而言之,務實並不意謂著放棄你的理想。天馬行空的想法有時可能會促成可行的研究計畫。只是,如果你的抱負已超過了你所掌握的資源,請不要放棄希望。只需回到你的問題和研究計畫背後的課題,並尋找另一個能讓你繼續進行探究的案例。

情境二:相同的主題,不同的計畫

當你構思的研究計畫在理論上可以完成,卻**無法由你執行**

時，你會怎麼做呢？

　　如同我們在「黑命攸關」的例子中所見，了解核心「課題」使研究者能夠在不同的案例中找到定位。你可能認為自己只關心巴西或女性文學，但透過發現你真正的「課題」，你意識到「巴西」和「女性文學」實際上都是該課題的案例。這使你現在能夠以不同的方式重新安排你的研究計畫。

　　但是，除了資料的可用性和時間限制的問題外，你在選擇案例時還會面對其他的限制。為你的課題選擇適合的案例也屬於「個性」的範疇，它必須符合你的性情。假設你想了解當代社會邊緣社群的實際生活：如城市中無家可歸者、鐵鏽帶（Rust Belt）的失業青年、面臨精神健康問題的個體或無身分的移民。做為被邊緣化的社群，他們可能沒有能力塑造讓世界能夠理解他們的敘事方式，這在知識上和情感上都令你感到不安。

　　然而，假如你是非常內向的人，容易感到社交焦慮，你是否準備好進行一個需要你在長時間內進行大量田野調查的研究計畫？你能否在遠離親人、日常生活習慣和支援體系的環境中，長時間維持正常生活？你能否在這種情況下照顧好自己？

　　若你的答案是「可以」，那麼也許這就是適合你的案例。若你的答案是「或許沒辦法」，也不要因此難過。更重要的是，不要試圖否認。你可能會擔心，一旦你放棄了你的案例，那麼你也必須放棄你的課題，其實並非如此。只要你與你的課題保持一致，並真正理解其內涵，就可以在不放棄讓你感到興奮和困擾的核心課題的情況下，轉換到全然不同的案例。萬一你不確定如何

做到這一點，請重新進行更多內省工作，以幫助你理解你的根本課題。對你的**動機**有更多深入的見解，將有助於你找到另一個吸引人且更合適的案例。

我們已經檢視了一些研究計畫偏離軌道的常見狀況，以及最佳的轉向方法。現在我們來談一下能讓你的研究更有效率的實際工作，包括建立你的工作空間、選擇適當的工具，並規畫符合需求的工作時程表。

工欲善其事，必先利其器

研究是一門技藝。身為工匠，設置自己喜歡的工作場所非常重要。如果你有認真從事藝術或音樂的朋友，你就會知道他們有多愛談論他們的樂器、工具和工作習慣。畫家尋找完美的畫筆、小提琴手尋找完美的琴弓、**雙簧管**演奏家尋找完美的簧片、吉他手尋找完美的琴弦。廚師需要最好的刀具、漁夫需要最好的魚餌、機械工程師需要最好的機器。

你會感謝自己抽出時間來思考並設計你的工作環境。你會花很多時間在這個空間和在使用這些工具上。記得我們在第一章說過，最好從小問題開始嗎？當設置工作場所時，細節也很重要。只要把一些看似微不足道的事情做對了，你就會在增加動力、提高生產力和幸福感方面獲益匪淺。給予物質條件應有的關注是非常重要的，因為這會影響你和你的研究的體質。

考量你的可用資源和想要達成的目標，並評估哪些研究工具

值得投資。你會做很多訪談嗎？你需要麥克風、錄音筆和資料存取系統。你會在現場製作錄音筆記嗎？你可能需要投資可靠的語音轉文字軟體和長效電池。對於鋼琴家來說，他們願意（或能夠）用來買一架鋼琴的錢，可能多於我們買車的錢，因為對他們而言，這不是奢侈品。資金充足的研究者可能會聘請助理來完成更多工作，但這並不是我們所有人都做得到的。考量你真正需要什麼（而非想要什麼），這樣你就可以建立一個「於此時此地而言最適合我的」工作室了。

當你能舒適地握住一把水果刀或一枝刷筆時，它會讓你準備餐點或創作的過程變得愉悅、吸引人，甚至有時幾乎毫不費力。這對於你做為一名研究者來說也是一樣的，因此你應該好好思考你的工具和工作空間。

以下是讓你的研究工作能夠順利進行所需的一些準備。

選對工具

如果你喜歡手寫創作，你選擇的鋼筆或鉛筆很重要。你的鉛筆筆芯質地是否適合你？筆芯是否經常變鈍或易斷？你的鋼筆寫起來是否流暢，還是墨水會沾得到處都是（這是不是你會在意的）？你的手很快就覺得痠了嗎？同樣地，你是否需要花費二十五美元的皮革筆記本來激發你的寫作靈感，或是附近雜貨店兩美元膠膜包裝的散裝紙就可以完成工作？即使是這種決定也很重要。皮革精裝的筆記本可能會激發你更認真地寫作，因此投入更多的精力。它或許可以讓你「放慢速度」，激發你花更多的時間

來思考你的想法。但是，一本精裝的筆記本也可能會令人望而生畏，當你提筆時，其價格和設計對你幾乎是一種嘲諷。你幾乎可以聽到一道聲音：你可得好好的寫。你說服自己，只有經過思考的想法才值得記在上面，並嘗試保留那潔白的頁面，留給那些你真正有「有價值」的話要說的時刻。每一個想法都必須完整，每個句子都必須閃閃發亮。草稿和片段的想法絕不能玷污頁面。你選擇的紙張因而導致了災難。寫作和筆記本來就夠困難了。我們不需要更多的阻礙。也許你對待寫作紙張可以更隨意一些。

　　這些事情或許看似微不足道，但是工作空間的每一個細節都會影響你的寫作欲望、寫作精力消耗的速度，甚至是文章品質和語氣。如果你使用的筆記本會讓你在潛意識中感到倉促且壓抑，例如一張小便條紙，這就會影響到你的工作。你拓展想法的空間會受到限制，你就會不斷地縮短寫作的篇幅。同樣，一本笨重又不方便使用的筆記本或數位工具（例如必須隨時連接 Wi-Fi 的應用程式，或攜帶不便的大型素描本）輕易就會導致寫作頻率降低。和其他藝術家、音樂家和工匠一樣，你絕對有權在工具的選擇上挑剔。

一天中最有效率的寫作時刻

　　什麼時候寫作？具體來說，你應該在一天的哪個時間點集中精神進行何種類型的寫作？這個答案因人而異，但以下為經驗法則：在你精力充沛和專注的時候進行「繁重的工作」，而在你疲勞或分心的時候進行比較「不用動腦的工作」。如果你在早上或

晚上最清醒，那麼這就是你應該創作新內容的時機。相反，我們許多人在一天中的其他時段會感到疲勞或分心。這些時候正好可以轉換一下，進行那些比較不需要創意性投入的工作：整理註解、檢查錯別字等。

　　寫作也有季節性，有時你必須停止耕耘研究計畫，讓地力恢復。休息一下，去散步、看電影、運動、吃飯、睡覺。你可能會覺得自己正在「占用工作時間」──而你確實也是──實際上，你的大腦可能仍然在解決寫作上的疑難，甚至可以不需要任何有意識的努力便能解決一些棘手的問題。當這種情況發生時（這種情況經常發生！），身為作者的你回到寫作中，有時會感覺好像其他人為你解決了難題或破解了密碼，因為突然間，一些看似極為複雜或難以表達的事物，寫來竟是行雲流水、文思泉湧。

　　你也可以要求其他人或是某種工具朗讀你的作品。如果你無法忍受重讀自己的草稿的話，就請朋友幫你朗讀出來。或者，萬一你覺得連請好朋友幫忙都尷尬，那麼你也可以使用現成的「文字轉語音」功能，將書面文字轉換為語音。你可以坐下或站著，傾聽有時略顯滑稽的的電腦合成語音為你朗讀。你會發現，由於你已經太熟悉你的文字，以至於有些你無法在草稿中發現的錯字，你可以在聆聽時立刻發現。在聆聽時，有些內容會讓你感覺不太對勁，促使你回去找到問題所在，並修正錯誤。

　　你還要注意到抑揚頓挫。行文是抒情的、和緩的，還是在某些段落感覺倉促？是否有些段落聽來太過自我耽溺？你是否在某些節點上講得太瑣碎，或是敘事過長需要有所轉換？也許某一段

落有太多同樣長度的句子，需要做一些調整。

　　請記住，當有人閱讀你的作品時，他們並不只是瞬間將它下載到他們的腦海中。閱讀是一種體驗，如何讓這種體驗充實而有意義，取決在你。

現在就試試：不勞而獲（撰寫正式的研究提案）

　　目標：藉由撰寫一份正式的、具前瞻性的研究提案，同時嘗試說服某人支持你的工作，將你迄今為止累積的「潛在能量」激發出來。這份研究提案將幫助你更清晰地了解，其他人對於你目前的研究內容感到最有意思和最具說服力的是哪些方面。儘管目前這一切確實讓人感覺言之過早，但請相信：這仍然是過程的一部分。

　　截至目前，我們一直提醒你集中精力於內省，避免為外在世界而擔憂。我們要求你確認並信任自己的直覺。即使在查看搜尋結果和檢查第一手資料時，你的目標也是從內出發向外思考你的研究計畫，而非從外而內。

　　然而，在這個練習中——只是暫時地——你得變成外向型的人。你要把一直在內在進行的自我對話轉向外在，以你在這個階段所能做到的最清晰且有說服力的方式，向想像中的讀者解釋你的研究計畫。而且，你要在準備好之前就做到這一切。

　　你的研究計畫標題是什麼？

你的主要研究問題是什麼？

為什麼其他人沒有提出這些問題，或是未能好好地回答這些問題？

你需要哪些第一手資料來回答你的問題，並解決你的課題？

這裡要先提醒你（但也是安慰你）：你不會覺得已經準備好面對這一切。事實上，你也不應該如此。畢竟，你怎麼可能知道如何解釋一個尚在形成階段的研究計畫的重點呢？但目前，沒有時間煩惱這個問題。想像一下，這就像是一場大考或求職面試的早晨，而就在前一天晚上，停電導致你的鬧鐘重置或導致你的手機電池耗盡。你睜開眼睛，突然意識到：我必須立刻趕過去！

還沒有標題嗎？馬上想出一個！還沒有你需要的第一手資料清單嗎？現在就去敲定！還沒有想清楚你的工作可能帶來的影響嗎？直接開口說。現在帷幕已經拉開，你站在舞台上，而觀眾正等待著。總之，假裝你在研究過程中走得比實際上還遠，並嘗試去說服一個資助研究的機構，在每年收到的眾多申請當中，選擇你的研究計畫。

我們為什麼建議你這麼做呢？這本書不是一直強調內省、耐心以及堅守中心嗎？是的，但請記住兩件重要的事情。首先，研究需要想像力。誠然，研究需要其他特質，如能力、毅力和誠實。你必須做大量的筆記，並精確地記錄、事實查核和資料引註。但研究不是只有抄錄或速記，也不只

是對現有想法的精確複製。研究取決於你設想出目前尚不存在的事實和想法的能力。由於它們還不存在，所以任何準備都不足以讓你「百分之百準備好」才開始。

簡而言之，你永遠不會知道要準備多少才可以開始。

這句格言對於有多年時間完成研究的人，以及只有幾週時間的人都同樣適用。然而，只要你不開始，你永遠不會完成。

雖然這看起來可能不如你預期，但無論如何……

在你著手撰寫你書籍的第一頁之前，請先給個書名。

在你開始拍攝任何一支紀錄片之前，請先給個片名。

甚至更進一步。為你尚未撰寫的書寫一篇書評。為書衣寫一段推薦文。然後，寫一篇嚴厲的評論。接著，再寫下你的反駁意見。

請記得我們曾經談到過「你的直覺部分，它懂，卻無法表達」以及「你的執行部分，說得出口，卻不了解」嗎？目前為止，我們一直著眼於培養直覺的一面。就像我們在風水例子中的學生情況一樣，如果你忽視或壓抑直覺，你可能永遠都不會開始，或者可能執行錯誤的研究計畫。但是如果你先聽從直覺，執行的工作就會容易得多。見解會自然湧現出來。

現在，是讓那個「執行」部分回來時候了，因為現在你知道它需要做什麼。與其壓抑或高談闊論地踐踏你的直覺，不如讓你的執行部分與你的直覺部分開始充分合作。

　　接著，神奇的事情就會發生了。一開始，當你寫下一個聽起來很確定的句子時，你會感到不自在，因為在內心深處，你知道一切仍然不夠確定。你那確信的信念似乎很勉強。你甚至可能覺得自己像個騙子。

　　但是，然後……你會寫下一個句子，也許還有另一個句子。你禁不住停下來思考：誒，這還不錯。不是每一個句子都會被保留下來，但這些句子真不錯。你重新閱讀你寫下來的內容，並意識到：我以前從沒想過這個。這是一個新的想法。我可能發現什麼了！這是一種離奇的感覺，好像這些話是別人寫的一樣。

　　事情是這樣的：在必須把尚未成熟的想法表達出來的壓力下，執行部分的智慧將會自行啟動，並開始將一句又一句「聽起來很聰明」的句子組合起來。它會把皺摺熨平，填補缺口和縫隙，構建起看似作者知道自己正在講什麼的段落——至少對目光不夠敏銳的人來說是如此。

　　第二件要記住的事情是：這種練習仍然屬於內省過程的一部分。是在「私底下」進行的。你不應該將此提案真正的對外公開。現在進行這個練習的原因是為了讓你在進行更深入的二手文獻探討之前，先以原始的、未經修飾打磨過的方式表達你的想法，從而產生只有在這個階段才能產生的自我反思紀錄。每當你推遲「開始日期」，或者告訴自己只要再找一筆資料就好了，你最初想法和創意中的一些粗糙、深具探索性的特點也會被磨平，然後逐漸變得更正式，也更「專

業」。

「打磨」的過程暫且留待稍後。現在，你最需要的是以書面形式表達你對一個主題的最初想法。你的議題。

當初我還處於那個精力充沛、充滿探索的的心態時，最初的想法是什麼？我從未寫下來，因為我當時以為自己還沒準備好開始。這是研究者絕對不想要有的遺憾之一。

完成這個練習不僅可以記錄下你的想法，還有助於鞏固以自我為中心的研究的基礎，為你在第二部分中踏出探索廣泛學術世界的下一步做好準備。

所以，請嘗試以下作法。

撰寫一份爭取研究經費補助的提案，在這份提案中，你必須清楚陳述研究問題，並論證為什麼需要經費的挹注來回答這個問題。透過撰寫正式的文件，嚴格遵循規範，強迫自己成為一名頭腦清楚、俐落的寫作者：

- 3–5頁，雙行間距
- 2.5公分邊界
- 細明體，字級12
- 一週內完成（只需提交給你自己！）

闡述你的論點時，要充滿自信。不必透露你有多少想法仍是不確定的。是時候公開提出你的問題，並清楚地表明你的「課題」了。勇敢一點，提出來，即使一切感覺起來有點為時過早。

　　研究提案應包含以下四個部分。（你可以在
whereresearchbegins.com找到研究提案範本，幫助你啟動
這個過程。）

1. **研究背景框架**。簡要的讓你的讀者理解研究的背景。
   假設你寫的論文會送給你完全不認識的委員審查，他
   們對研究主題的興趣或許沒有與你相當的專業知識。
   這時你就必須透過簡潔卻又充分的解釋，讓他們獲得
   所需的基本知識以及參考架構，以便他們了解你的研
   究和其重要性。

2. **目標與研究意向**。陳述你打算使用第一手資料回答的
   問題。對你來說，包含一個以上的問題是可以的，甚
   至是必要的，只要它們總體上能「組合起來」形成一
   個有意義且連貫的問題集，這有助於你探索一具體
   的、可研究的、有意義的問題。這是一個旨在尋求資
   金支持並規畫未來研究的提案，因此，我們鼓勵你把
   計畫定位為具有開放式問題的探索性研究。同時，這
   一環節也應該預先做好鋪陳，讓讀者更容易進入你在
   本書第二部分將要進行的研究成果重要性討論。

3. **重要性**。根據你目前對於所選領域的理解，解釋你所
   提出的問題的重要性。有鑑於我們已經對你的主題有
   一定的了解，你的研究計畫又如何能大幅提升我們
   對這個主題的理解呢？請注意：由於這是關乎未來

研究的提案，而非已完成的研究，因此你不能根據任何「期待成果」來說明此研究的「重要性」。也就是說，你所提出的問題的重要性不能以這些問題的期望答案來評估，否則你的研究可能會導致預先設定的結論。相反地，研究提案的重要性必須體現在一個經過第一手資料（和第二手資料）的研究得出的「課題」之上，而且，是表述清晰且有意義的開放式「課題」。

4. **研究規畫**。你打算使用哪些具體的第一手資料來進行這個計畫？這些資料在哪裡？此外，如果你的計畫通過核准，而且獲得旅行經費，你會參訪哪一個考察地點、進行哪些訪談、使用哪些資料集和檔案館藏等？（可能的話，應盡可能具體地列出訪談對象及／或檔案館。）提出達成計畫目標的詳細作法。你需要哪些文本、觀察或其他資料來回答你的問題？你將使用什麼樣的分析框架來理解或解釋這些資料？提出一個統籌計畫，包括你的時間表和計畫關鍵階段列表。

常見錯誤

● 使用最古老的拖延技巧之一，來推遲撰寫這份初稿：「我只需要再做一點點研究。」這藉口留在以後再用吧。現在，請根據你目前的情況思考和寫作。

● 採取防衛性的寫作策略。當然，你要預測讀者可能會

提出的問題或挑戰，但這麼做的目的是讓人們注意到你的研究的貢獻。不要告訴我們不會學到什麼，而是能夠學到什麼。這是積極思考的時刻。

- 使用試探性、猶豫的或帶歉意的語氣。當你構思理想的研究前景時，要充滿信心。使用「我會……」而不是「我將嘗試……」的句型。

智囊團：與信任的（且了解這只是初步構想的）指導者分享你的提案

仔細閱讀你自己的提案。有說服力嗎？其他人會對你的目標、資料、方法、假設提出什麼疑問？預先思考這些問題，並據此修改檔案。然後，你可以（自行選擇）展示給信任的人並徵詢他們的意見。如上述一般，向他們解釋這份初稿練習的目的。你的提案是否清楚說明了為什麼這個研究是有說服力而且是重要的？如果你的指導者不知道這是你的提案，他們會願意為申請者提供資助嗎？為什麼願意，又或為什麼不願意？他們認為這份提案的哪些部分還可以再改善？口頭或書面意見均可，但如果可以，請安排與他們的面談，以聽取他們的意見。記下他們的建議，並務必在進入本書第二部分之前，根據你所認同的建議重新修改提案。

之後，請向他們表達謝意。

你的研究計畫有開頭了

現在，一切都準備就緒。你已經檢視並釐清了自己的動機和興趣。你已經確定研究問題，並確定這些問題所蘊含的背後課題。你已經確認把你帶到這裡的假設，並承擔起這些假設的責任。

如果你仍然抱有一些疑慮，就記下來。把疑慮寫下來。但請記住，你仍處於初稿階段，感到不確定是正常的。事實上，直到研究完成，一切都只是暫時的，研究者應始終保持開放的心態，隨時準備因應事實做出改變。如果在這個階段，你對事情的發展方向有嚴重的疑慮，你可以重新回顧你認為最有用的練習，再一次仔細檢視以確保你避開了常見錯誤。但不要擔心。在第二部分中，你將找到更多有用的方法來闡述、評估、測試和重新思考你的課題。你的內省還沒有結束。

現在，再花一點時間回顧你所做的事。到目前為止，你應該已經很清楚這個研究為什麼對你來說很重要，以及為什麼其結果是有意義的。你也採取了一些務實的步驟：初步查閱了一些第一手資料；評估你的能力和限制；在必要時向智囊團尋求建議；並選擇最適合你個人特質的研究類型。你甚至已經撰寫一份研究提案初稿，以正式的寫作方式來構思你的研究計畫。而且這一路上，你從未中斷寫作。

現在是時候展開你的研究了。

第二部分

超越自我
Get Over Yourself

　　從主題到問題，從問題到課題，從課題到準備展開研究計畫
——哪怕只是雛形——你在做的正是建立研究方向和規畫的工
作。你已經讓你的假設清晰可見。你已確認你的研究課題為什麼
對你如此重要。你也檢視了實際情況，並評估此一研究計畫是否
適合你這個人執行，而不只是腦袋裡的想法。在這段時間，你並
非只是在腦海中規畫一切；你一直書寫，而且在發展研究計畫上
取得很大的進展。你很可能已經完成了最困難的部分。

　　你的研究計畫對你很重要。不過，對世界重要嗎？

　　回答這個問題是你下一個重大挑戰的一部分：*超越自我*。

　　你努力探索自己——了解推動你的研究的問題和課題，並評
估自身的偏見、能力和限制。但現在，你必須超越自己，將所有
這些問題和課題轉化為他人能理解的方式。如果你做得夠好，
「你的課題」也會成為「他們的課題」。第二部分會分享一些方
法。如果你遵循這些方法，那麼其他人也會對你的問題感到同樣
的困擾——你的熱情所在也將成為他們的。

　　*你可能會想：如果我最終只是要「超越」自己，那我為什麼
要花那麼多時間深入探索自我呢？現在我終於找到我的使命，為
什麼你要求我放棄呢？*

　　答案是，你並不用放棄任何事。「超越自我」並不代表背棄
你透過內省所產生的所有洞見。與此相反，你將繼續內省的工
作，同時也會涉及其他人的想法。超越自我是從狹隘的自我理解
走向更寬廣的自我理解的過程。

　　這個探索、發現和積累的過程，有賴你的參與和投入。在你

學習新的字彙和文法的同時，你會同時理解到其中共通的文法，即便字彙完全不同。這個過程完全不會讓你喪失自我，反而在你的觀點與他人進行比較之際，有助於你更深入地了解自己。畢竟，你並不會因為學習第二或第三種語言，而忘記母語。

超越自我的另一個原因完全是出於實際考量的：即使我們大部分時間獨自工作，我們仍會屬於某一個研究社群。無論我們是否察覺，當我們展開一項研究計畫時，我們實際上是融入了多個持續進行的對話之中。這些對話有些是由對特定課題的共同興趣界定而來，有些則源於對解決課題的方法或與特定知識領域交集的興趣。在任何新研究的創造過程中，我們都要依靠前人和志同道合者的想法。

你將參與的重要對話之一，來自與你有著相同研究「主題」的廣泛研究者社群——我們通常稱之為「領域」。例如，雷勤風老師在文學領域（具體而言是現代中國文學）獲得博士學位，而他後來將自己的研究和教學擴展到電影研究。墨磊寧老師的領域是歷史——現代中國史和科技發展史。在第五章中，我們將討論如何在你的領域中探索和尋找方向，並重新思考領域本身的概念。但如果我們沒有冒險涉足各自擅長的領域之外，你的著作就無法問世。

你也將和擁有相同「課題」的研究者社群交流，這需要更大程度的研究思維轉變。由於「以自我為中心」的研究方法核心在於課題而非主題，因此，我們會以此做為第二部分的開始，並在第四章中介紹「課題群體」的概念。

　　第二部分的主要目標是意識到其他人的研究方向和問題，與我們之間有何交集，並且充分利用這些交集。研究從來不是一場獨白，你的研究身分也並非一成不變的。你必須在你所屬的領域中找到定位（你可能會更改或加入新的領域），這涉及與不同的課題群體互動。要做到這一點，你需要保持靈活、開放的心態。然而，與他人進行思想交流的關鍵則是要保有你的自我中心。

　　第二部分會引領你更廣泛且深入地參與和他人之間的交流。你將尋找有信服力、具批判性以及和你的研究相關的思想家。你將再度對自己的想法、假設和理論進行壓力測試，但這一次你在過程中引入他人的想法、假設和理論。你將會把他人的思想融入自己的研究中，並且進一步發展，最後也會讓你的思想為他人所吸收並發展。

　　所有這一切無不取決於你對改變的接受程度。你需要投入心力以保持平衡，在尋求最佳實踐、共同目標、新的資料和見解的同時，不會在面對權威時失去信心，也不會讓他人的方向取代你的方向。你將保有既自信又自覺，同時又對他人的看法保持開放和好奇的心態。這會是令人非常振奮的過程。

　　準備好，開始超越自我的旅程。

第四章 | 如何找到你的課題群體
How to Find Your Problem Collective

找出和你有共同課題的研究者

　　你不是唯一重視自己的課題的人，這個課題也困擾著其他人。有些人跟你一樣受到同樣的根本困擾所驅使，此刻正忙於提出他們自己的問題、搜集資料、確定案例、擬訂研究計畫。他們可能自稱為科學家、歷史學家、哲學家、考古學家、經濟學家、人類學家、行為研究學者、古典學者、文學學者或藝術家。他們可能從事十九世紀或古代世界的研究，他們可能居住在波哥大、巴爾的摩或貝魯特。

　　有些人已經過世。你所謂的你的課題在很早之前就已經是他們的課題。你可以向他們取經。那些仍在世的，或未來將出生的人，他們也可以向你學習。不管他們是誰，不管他們身在何處，你都需要找到他們。但是，要怎麼找呢？

　　如果圖書館或書店依照課題而非主題來分類，那麼書架就不會用「時事」、「童書」、「歷史」等做為書區指示牌。不論書籍

的分類，每一書區都將以一組作者所共有的基礎課題來命名。

　　想像一下，當你走進書店：

　　你：不好意思。請問，討論「在一個宣稱人們需購買其產品以實現自我表達的體制所宰制的世界裡，真實的自我表達能否實現」的作者專區在哪裡？

　　書店店員：在後面左側的通道，就在探討「是否能以各個文化的獨特解釋框架來理解欺騙這一普遍概念，而不受限於以歐洲文化為出發點」的觀點的作者旁邊。

　　你：謝謝！

　　眾所周知，這並不是書店的安排規畫方式。圖書館、大學系所、政府機構、企業或博物館也都不是依照這種方式來安排規畫的。你才花費了大量精力從主題轉向問題和課題，卻發現一個令人不安的事實：這個世界整體上仍然是依照——你猜對了——主題來規畫的。儘管聽起來很令人恐慌，但你現在發現自己又回到了最初那個模糊而又非常熟悉的起點。

　　你又回到了「主題迷宮」。

　　那麼，該怎麼辦呢？此時，你已經確實地掌握困擾著自己的課題，而主流的組織邏輯卻又把你帶回到那些與課題沒有直接關聯的總體「主題」上。在我們這個以主題為中心的世界中，怎樣才找得到與你分享同樣課題的研究者群體？怎樣才找得到你的「課題群體」？

「課題群體」（Problem Collective）這個概念，指的是我們在研究過程中可以發現和創造的、各種以課題為中心的知識連結和聯繫。

群體結集起一群擁有共同興趣或事業的個人。課題群體——你猜得沒錯——是一群致力於解決相同研究課題的個人，無論他們是在一起或是獨自工作。你大可稱之為幫派、部落或社群，但怎麼比喻都不重要。重要的是要意識到這個群體是由個人所組成，每個人都有各自的「中心」，其成員是分散的、去中心化的，以至於許多成員可能不知道彼此的存在。這個群體並非受共同信條所約束的意識形態派系，既不是武裝民兵，也不是宗教組織。

課題群體不是一種職業、一間系所、一個領域或一門學科的別稱。像歷史或政治科學這樣的領域，就包含了各種課題群體的成員（我們將在第五章中討論），但它們本身並不是課題群體。雖然學科和領域的成員間有許多共同之處，但這些學科和領域本身並不是由一個共同的課題來界定。找到你的課題群體的優點之一是，它能讓你超越學科框架和專業身分，使你的研究方向不再受領域範圍內本能性的保守觀念所約束。

課題群體是一個社群，無論其成員的背景、領域或學科為何，他們都受到一個共同且深刻的課題所驅動。這個課題通常不能歸結為單一時期、地點或專業所獨有的。一個關注失落、自由、平等或意義等相關課題的人，可以對任何與該課題相關的案例進行研究。他們可能會樂意撰寫一部哲學著作或兒童立體書。

課題——特別是那些涉及到普遍主題的課題——會困擾著擁有各種性格、世界觀、政治理念和生活方式的人們。

　　課題群體可大可小，包括你的領域成員——當然你也在其中——可能也有許多其他領域的成員（我們會在下一章中談及更多有關領域的問題）。由於你的課題群體成員可能分散在不同地方，而且他們幾乎不會佩戴識別徽章，要找到他們並非易事。因此，本章為你提供了幾種尋找他們的方法。

　　然而，為何要花心思去尋找這些群體呢？為什麼不獨力作業就好？或者為什麼不單純就留在自己的領域裡呢？

　　當你找到課題群體時，它會為你帶來：

- 你從未考慮過的問題；
- 你不知道的詞彙；
- 你並未察覺的觀點和視角；
- 你從沒聽過的方法，以及
- 一種被認可的感覺和社群意識。

　　課題群體會提醒你，你對於你的課題的過度關注是正常的。以前你可能認為，這個課題只有你一個人面對，但實際上並非如此。

　　更重要的是，找到你的群體會賦予你力量，任你追求不受領域或學科限制的研究方向。課題群體讓你與當下和過去、活著或已故的研究者建立聯繫，他們和你一樣，都關注同一件事，也努

力地解決同一件事。這提醒了你，你完全有權和那些和你在意相同的事的傑出思想家的作品對話。你可以與過去或現在任何和你一樣的人展開交流。

但課題群體也會向你提出挑戰，揭示出研究這些人物的真正目的不只是為了在期末考拿到高分、展現博學多聞、或以某種模糊的方式擴展你的思維，而是因為，或許，這些思想家當中，有人掌握著解決你的課題的關鍵。

突然之間，你不再對大名鼎鼎的思想家感到恐懼。而那些以帶有貶義的口吻、將對理論和方法論的考量視為「學術性」的人的偏見，也不再能夠影響你——這些人似乎把「思想的生活」看作是脫離「現實的生活」。如今，你可以拒絕這類人為區分，因為你很清楚，你的課題以及你對解決課題的追求，和你一樣，都是現實生活的一部分。

但是，讓我們坦誠地談談這個問題：你需要時間去理解潛藏在你眾多問題背後的課題，然後找到你的課題群體成員。這會用到幾個月，甚至幾年的時間，而且你會容易因為追逐所謂的「好的想法」和有吸引力的方向，而在「文獻」中迷失自我。本章介紹的方法，將讓你在接觸其他研究者的工作的情況下，也能對你的課題保持專注，即使你因此必須花多點時間。

為了找到你的課題群體，你首先要面對研究中最具挑戰性的謎題之一：這個世界如何描述我的課題？

現在就試試：改動一個變數

　　目標：區分課題本身和課題的具體案例。確定研究問題中哪些部分對該問題是「不可或缺」的，因為它們是最能反映你試圖解決的研究課題。這樣，你就能更有效率地辨別跟你分享同樣課題的其他研究。

　　有沒有辦法可以提高機率——即使不能保證——找到這些與你的課題相關的研究呢？

　　答案是肯定的。

　　這個練習將有助於你區分你關心的課題本身，以及圍繞著該課題發展出來的諸多具體案例。如果你能做到這一點，你就更能夠在其他人——特別是在你的課題群體成員——的研究中識別出你自身的課題。他們可能並非來自你的領域，而且他們所研究的案例從表面上看起來也可能與你的完全不同。

　　首先，盡可能具體地將你的研究問題寫下來，不管它們目前呈現什麼樣貌。每個問題應盡可能包含以下變數：

- 時間
- 地點
- 行為者／主語（主詞）
- 對象／賓語（受詞）
- 假

以下是一個假設性的例子：

黑豹黨如何在一九七〇年代影響北美的大眾文化（如果有的話）？其影響與否，會為我們揭露關於那個時代的大眾文化的何種訊息？

整體而言，這是一個很實質的問題（即使我們姑且借用之前討論過的「影響」這個含糊不清的表述），因為它包含了所有上述變數的具體細節：

- 時間：一九七〇年代
- 地點：北美
- 行為者／主語：黑豹黨
- 對象／賓語：〔北美〕大眾文化
- 假設：在該時期，主體為對象帶來了幾種文化影響；哪些最為重要？

然而，在此同時，這個問題背後的課題不一定顯而易見，因此研究者可以從哪個課題群體中獲益也尚不明確。我們可以輕易想像，一個社區行動者、比較文學理論家或媒體研究學者提出這個問題。此處潛在的「課題」可能有更多是涉及媒體或種族問題，或是「大眾」與「菁英」藝術和文化之間的區別。根據此處的真正課題，眾多的研究者社群都有可能成為課題群體。

從這個問題的表述開始，我們可以使用一種方法，逐一

有系統地改變問題中的變數。在這個過程中，我們要細心留意自己對每個變化的心理和情感反應，以了解我們對課題的關注程度是增強、降低，抑或是保持不變。

讓我們從更改地點變數開始：

黑豹黨如何在一九七〇年代影響南非的大眾文化（如果有的話）？其影響與否，會為我們揭露關於那個時代南非大眾文化的何種訊息？

當你更改了地點這個變數後，你內心是否有所變化？接下來試試以下問題：

黑豹黨如何在一九七〇年代影響歐洲的大眾文化（如果有的話）？其影響與否，會為我們揭露關於那個時代歐洲大眾文化的何種訊息？

這次有什麼不同嗎？再試試以下問題：

黑豹黨如何在一九七〇年代影響蘇聯的大眾文化（如果有的話）？其影響與否，會為我們揭露關於那個時代蘇聯大眾文化的何種訊息？

在改動變數後，你的內心是否有所變化？你對問題的興趣是消失殆盡，還是增加了？或是沒有變？然後最重要的問題是：為什麼？例如，為什麼黑豹黨在北美的歷史對你具有

強大的吸引力，但你對設定在蘇聯、歐洲或南非的同樣問題卻不太感興趣？這可能意味著你在意的重點不是黑豹黨本身，而是與北美有關。如果是這樣，你的真正問題是否有某個方面還沒有表達出來？你的問題是否有所缺失，而你需要增添到問題當中，才能更忠實地呈現你真正的重點？（請記住：所有這些問題的答案都提供了有用的「自我反思紀錄」，可以幫助你識別研究方向。）

現在讓我們把地點變數改回原來的設定，接著改變對象／賓語變數：

黑豹黨如何在一九七〇年代影響北美的女權運動，（如果有的話）。其影響與否，會為我們揭露關於那個時代的女權運動的何種訊息？

有任何變化嗎？那麼，再試試以下問題：

黑豹黨如何在一九七〇年代影響北美的電影製作，（如果有的話）。其影響與否，會為我們揭露關於那個時代的電影的何種訊息？

這次發生了什麼？現在，再試試這個：

黑豹黨如何在一九七〇年代影響北美的人們對槍枝管制的態度，（如果有的話）。其影響與否，會為我們揭露關於那個時代的槍枝管制辯論的何種訊息？

　　每一次你改動變數（並確定每次只改動一個變數）的過程都和先前相同。問問自己：你的感受是更好、更差，還是一樣，為什麼？

　　顯然，你在更改變數時必須運用常識。如果問黑豹黨對一九五〇年代的北美大眾文化的影響，這是毫無意義的，因為黑豹黨在一九六六年方才成立。每個改變都應該得出一個有意義且合理的問題。跳過那些看起來荒謬或不可行的改動：有些變數就是不能更動。但若你真的想了解黑人政治運動對一九五〇年代的北美大眾文化的影響，也許你的研究問題不應該集中在黑豹黨上，而是應該聚焦於其前身。

　　每當你改動一個變數，就問自己以下這些問題：

- 我變得更在意，還是更不在意？
- 我失去了什麼，或得到了什麼？
- 猜想一下，我為何會（或不會）做出這個改變？
- 我有沒有盡可能坦率且詳盡地寫下我的問題？這是我完整的問題，還是它缺少了某個變數？

　　在每個「更改的變數」旁邊寫下一些筆記，以擷取你內心的想法。你可以隨心所欲地記下簡短或詳細的內容。無論哪種方式，請務必記錄每一次更改變數時，你的興趣發生了什麼變化。

　　一如既往，你要對自己誠實。如果在更改變數後，你發現自己不再關注或失去了某些東西，請不要假裝你仍在乎。

如果你對西班牙的性別不平等歷史感興趣，卻對加拿大的性別不平等歷史不感興趣，那就把你的研究精力集中在西班牙這個方向。

另一方面，你可能不只對西班牙和加拿大的性別不平等問題都有興趣，甚至對此深感熱中。這意謂著，你的課題可能不是由地理因素主導，因此你可以從多種案例中進行選擇。

想像一下，你最初的問題聚焦在二戰後西雅圖的兒童虐待的歷史。當你把兒童虐待這個變數改為老人虐待時，你關注的感覺消失了。這是不是有問題？我是個壞人嗎？不。誠實在這裡可能會讓你感到很不舒服，甚至痛苦，但你必須向自己（和任何智囊團）承認，身為一個人和世界公民，你關注老人虐待；而身為一個試圖確定課題的研究者，你並不關注老人虐待。由於各種原因，在人生中困擾你的課題是特定且具體的，而這完全沒有問題。寫下這個自我反思紀錄，然後更改一個新的變數。

相較之下，如果你發現，無論兒童虐待和老人虐待的歷史，你都很在意。那麼，這是一條重要的線索，說明了你主要在意的，可能不在於任何特定的生命階段（童年、成年等），而是關於那些通常被視為弱勢群體的人口或社群的生活經歷。

為了測試這個可能性，我們鼓勵你在需要時創造新的變數，要麼把它們加入到你修改過的問題中，和其他變數放在

一起，要麼用一個新的變數替換一個既有的變數。如果你發現「生命階段」這變數（兒童、老人等）可能並不相關，那麼嘗試使用不同形式來表達一個關於「生活狀態」或「安全級別」的變數：例如脆弱、穩定、不易受傷害。

你是否對研究兒童／老人虐待的歷史，和研究涉及中年、健全、來自某個國家的優勢族群的受害者的虐待事件同樣感興趣？如果不會，那麼這似乎證實了「脆弱」不僅是你「感興趣」的部分，更是你研究課題的核心。換句話說，它必須存在於你提出的任何問題中，藉此讓你感到滿意並成為你研究的動力。

藉由修改現有的變數，或者添加、測試新的變數，你的問題經歷了一系列的變化。接下來，你要將所有變數分為以下兩個類別，從而審視這個過程。像往常一樣，請以書面形式記錄下來。

- **有討論空間或可替換的變數**。這些變數可以修改，且不影響你關注它們的程度。例如，對你而言，地理位置、時期或所涉及的特定行為者可能都是可討論的。
- **沒有討論空間的變數**。這些變數一旦更改，即使你的主題（表面上）仍然存在，也會令你頓失所有興趣。無論如何，它們必須在。

現在，創作自我反思紀錄的關鍵步驟來了。這是整個練習中重要的內省時刻，好讓你透過寫作進行反

思。問問自己以下的問題：

- 當我看到這個有討論空間與沒有討論空間變數的清單時，我的課題看起來如何？
- 為什麼我似乎對某些變數的改變毫不在意，但另一些變數卻似是不容改變？
- 當「沒有討論空間」的變數不只一個時，哪一個才是最主要的？
- 哪一個是課題，而哪一個是課題的案例？換句話說，是X為Y的案例，還是Y為X的案例？
- 我最初提出問題的方式是否真正表現出我的課題，還是它只是我課題的一個案例？
- 若是後者，是否有方法可以重新表述我的問題，使它在如同之前一般具體的同時，還能更清楚地闡述我的研究中的核心議題？

這個過程不是瞬間可以完成的，所以對自己寬容一點。你可能無法立即透過這次的經驗發掘自己的課題。你無法強迫自己的頭腦做出如此深刻的發現。但是，這項練習應該會讓你更清楚地了解第二章中你所做的「從問題到課題」的工作。

箇中關鍵是讓自己習慣評估你的研究問題中至關重要的變數。養成這個習慣，你的思緒就會開始不自覺地幫助你。即使在你首次嘗試這個「改動一個變數」練習的很久以後，

你的思緒仍會繼續自行改動變數——當你刷牙、走路去上課或上班，甚至當你睡覺時。你會發覺，新的發現來得比以往更快、更清晰。

這個探索過程的下一步是向外看，在其他研究者的研究當中尋求你的課題。既然你已經能夠區分課題和課題的案例，你就可以在其他領域中找到志同道合的同伴。如果你意識到，你的課題不受地區限制，那麼就將你的搜尋範圍擴大到那些研究世界上其他地區的人。這同樣適用於時期、學科等方面。太多人在尋找他們的課題群體時，可以說是只限在書店的一個角落裡。請使用關鍵詞搜尋和類別搜尋來尋找你的課題群體成員。當你找到一個課題群體的成員時，查看他的參考文獻。你很有可能會找到更多線索。

常見錯誤

- 所做的改動太小，或選擇過於相似的新變數，以致無法有意義地檢視該變數對你的研究興趣的重要性
- 跳過評估哪些變數是有討論空間的（意謂著你對修訂後的問題的興趣跟原來的問題相等或更高），以及哪些是沒有討論空間的（意謂著一旦更改變數，你對研究問題的興趣會降低或消失）
- 進行不可能、不合邏輯（例如時代錯置）或其他不可行的更動，因為它們缺乏事實基礎而站不住腳
- 沒有寫下你對哪些變數有討論空間或沒有討論空間的

評估

- 僅將課題／案例的區分應用在你的研究上，而非利用它來識別其他領域中的課題群體成員

現在就試試：之前與之後

目標：透過將你的研究計畫想像成一個更大的、由課題驅動的故事的一部分，確認出在你感興趣的主題當中最吸引你的課題。接著，找出那些與你共同參與撰寫這則故事的課題群體的其他成員。

還有另一種方法可以讓你加快找到你的課題和課題群體的過程，我們稱之為「之前與之後」技巧。

想像一下，你正在進行的研究，不論其實際所需的時間或範圍如何，它都是一本書中的其中一個章節。那麼，在它之前的章節會是什麼？在它之後的章節會是什麼？這本書的書名又會是什麼？

以下是這個技巧在現實生活中執行的例子。

一天下午，墨磊寧老師的中國現代史課程上的一名學生從檔案館回來，他發現一批相當吸引人資料，內容關於義和團──二十世紀初，中國境內一個錯綜複雜、動盪不安又充滿暴力的時期，幾十年來，引起了諸多歷史學者的關注。這些資料講述了一個在中國生活的外國傳教士家庭逃離暴力的心酸故事，他們在不同地點躲藏，最終在途中失去一名家人

（一個年幼的孩子），內容生動且具說服力。

「我可以講述一個扣人心弦的故事。」學生告訴老師。

不出所料，這名學生和老師之間的對話充斥著與中國歷史有關的詞彙。而隨著兩人交談內容越多，更多其他的詞彙逐漸湧現。這些詞彙雖然源自於這批第一手資料之中，卻顯示出這名學生的好奇心和問題超越了義和團運動本身，甚至超越了中國。其中包含諸如「隱藏」、「避難」、「逃離」和「危機時期的資訊流通」等單詞和片語。

老師於是邀請學生進行一次「之前與之後」。一開始，他們嘗試了最明顯的可能性：學生所寫的「假想書」會是關於義和團運動本身。循著這個思路，學生正在寫的可能是「關於傳教士的一章」。因此，前後的章節可能會聚焦於，例如說，「義和團之亂期間的中國勞工」或者「義和團之亂期間的外國外交官」。這是你心裡想的嗎？老師問學生：「當我向你敘述這個假想的目錄時，你的興致是更高昂，還是覺得愈來愈無趣？它能夠激發你的熱情，還是讓你覺得枯燥無趣？」

學生毫不猶豫地回答說：枯燥無趣。這不是他感興趣的主要課題。

所以，他們又試了一次。老師猜想，如果書的名字是《躲藏在中國：一部文化史》，或許前後章節都不一定要關於義和團，而是聚焦於中國近現代史上其他危機、避難和逃亡的事件。或許前一章可以是〈躲避太平天國〉，專注於

中國十九世紀中葉的太平天國之戰中的避難和逃亡。而接下來的一章，則可以稱為〈躲藏於朝鮮半島：一八九四至九五年，中日甲午戰爭中的戰爭難民〉。

「比之前好了一些。」學生回答道，但仍有些猶豫。

他們再試了一次。如果書名根本不包含「中國」這個詞，那又會怎樣呢？如果這本書是關於躲藏的文化史，聚焦於戰爭和衝突時期，但不僅限於亞洲或世界上的任何特定地區呢？在那個假想的時空中，接下來的一章可能發生在南非，例如在波耳戰爭期間，或者其他地方。

對！學生的臉上突然有了生氣。這讓他更接近他的課題了。

「之前與之後」的目的不是要讓你的課題「變成」你的智囊團所推薦的課題——這樣做會很危險。不要「滿足於接受」建議，即使那是出於善意的。這個練習的目的也並非為了大幅擴展研究計畫，用以涵蓋大量額外、複雜的案例研究。

相反地，這個練習的目標是啟動一個思考過程，讓研究者從多種角度和多個層面重新審視他們的問題。一旦研究者學會自己進行這個練習，他們就不一定要與導師或智囊團交談，而是能夠獨立地進行腦力激盪，迅速地產生無數想像出來的虛構目錄和標題。最終，其中的一個想法會「引發共鳴」，而研究者將明白到他們真正追求的是什麼。

現在輪到你了。請按照以下步驟進行：

1. 將你的研究想像成一本聚焦於你的課題的研究專書中的其中一章。

2. 用一句話來描述並概括你的研究，盡可能簡要。將這句話作為「當前章節」——也就是你進行中的研究計畫——的臨時標題。

3. 現在，想像一本範圍更廣、以你的課題為核心的研究專書的成書過程：那麼，當前章節之前與之後的章節應該有什麼標題？分別為每個章節寫下一個標題。如果你想更進一步，想想看這本假想書的其他章節可能會聚焦於什麼。

4. 為這本書取一個吸引人且具描述性的書名。

5. 現在想出至少兩個（最好是更多）可能的研究計畫的情境。重複上述步驟，為當前章節、前一個章節、下一個章節下標題，並取個書名。

6. 為每一本假想書填寫類似表8所示的表格。

表8.「之前與之後」的進行

書名：　　　　　　＿＿＿＿＿＿

前一章：　　　　　＿＿＿＿＿＿

當前章節：　　　　＿＿＿＿＿＿

下一章：　　　　　＿＿＿＿＿＿

興奮程度：　　　　＿＿＿＿＿＿（低／中／高）

為何有此反應？　　＿＿＿＿＿＿（在這裡，根據需要，騰出紙上足夠的空間來考量、描述並推測你對這個想像情景做出如此反應的原因。）

　　無論你是要在幾週內為一門課程撰寫學期論文，或是正在進行一個更大型的研究計畫，例如研究生論文或一本專書，你都可以從這個練習中受益。因為它迫使你在一個主題內的廣闊世界中思考你的取向，並確保你的思路是由你的課題所驅動。

　　一如往常，你要密切關注自己對不同情境的反應，並將自己的想法寫下來。再次拿出心電圖機，重新把自己接上。在這些假想書中，有沒有哪一本比其他的更吸引你？你認為這是為什麼？有沒有什麼「顯而易見」的書名，不論出於任何原因，就是*沒有辦法*吸引你？可能的原因是什麼？這會如何幫助你改進或修訂你向他人和自己描述研究計畫的方式？

　　再一次，回答這些問題可以讓你更接近你的課題。但這也可以幫助你以課題為核心，想像你當前的研究計畫要怎麼與其他對話彼此交織。就像在戰爭時期的躲藏文化史的那個例子中，第一手資料所代表的「案例」本身與中國相關，而「課題」卻非如此，這打開了許多的可能性。利用「之前與之後」的結果，思考在你的領域之外有哪些可能的方向，足以讓你找到你的課題群體。寫下來，並開始尋找。

常見錯誤

* 說服自己「喜歡」一假定的研究計畫，因為那是指導者所建議的方向，或者是一個看似與研究主題相關的「顯而易見」的選擇。請相信自己的直覺，避免受到

建議的影響。一旦你發現自己猶豫不決，就請多加留意。

- 忽略自己對於一假定的研究計畫不感興趣或感到厭煩的直覺感受，或者沒有花時間去思考為何你對一個假定的研究計畫選項反感。厭惡的感受也能對你有所啟發。

- 基於這個想像練習，你以為自己必須進行一個範圍遠超過你實際能夠完成的大型研究計畫。請記住，你的目標是確認讓你感到興奮的課題，以便你找到你的課題群體的成員。再次強調：寫下來；尋找；寫下來！

現在就試試：
繪製你的群體圖譜（第二手資料搜尋）

目標：運用來自你的課題群體的一筆第二手資料，來尋找更多課題群體的研究。

在完成「改動一個變數」和「之前與之後」的練習後，現在的你完全有能力到外面探索並積極尋找你的課題群體。在「改動一個變數」中，你確定了你的問題中有哪些變數是可選擇、有討論空間和可替換的，而哪些是絕對必要和沒有討論空間的。同樣地，儘管你對以目前的表達方式所提出的問題很感興趣，但「改動一個變數」的練習也揭示出有若干其他變數，即使你最終可能不會去研究它們，但它們仍舊會

吸引你——這說明你的課題群體的範圍可能比你的問題所提示的更加廣泛。

　　現在是時候利用這得來不易的自我認識來進行新的關鍵詞搜索，這一次要發掘的是第二手資料。如果你的問題集中在西雅圖的兒童虐待史上（沿用我們之前的例子），但你同樣有興趣研究在多倫多、土耳其或特拉維夫的相同主題，那就嘗試尋找在其他地理位置進行的研究。閱讀這些著作，觀察你閱讀時的感受。這些內容有啟發作用嗎？你的心電圖數值有波動嗎？

　　一旦你發現，透過「改動一個變數」的練習，你還能夠想像自己從事老年虐待的相關研究，那麼也嘗試搜尋這個主題。找出這些書籍、文章、紀錄片、藝術作品等。當你閱讀這些素材時，發生了什麼事情？

　　就像本書中的第一個練習「尋找自我」一樣，你在此處有兩個目標：

1. 閱讀這些課題群體的書籍和文章，理解他們的論點，並做筆記。
2. 閱讀課題群體研究的同時，也向內閱讀你自己，看看這些作品對你有什麼影響。

　　如果這些作品沒有對你產生影響，那麼這給了你一條線索，不管這位作者的研究多有趣，他也許不是你的課題群體一分子。但如果你注意到自己的心跳加速，頭腦裡又湧現出

新的問題，這說明你可能已經有所發現，即使你手中的書籍或文章似乎與你的案例毫不相關亦然。

我們無法告訴你這個發現會在何時發生、需耗時多久，或者它是否確實發生了。只有你自己才能回答這些問題。但我們可以告訴你：如果你迄今為止完成了本書中的所有練習，而且一直在創造並分析所有必要的自我反思紀錄，現在的你很可能已經具備內省和自我認識的必要技能。而這種自我意識——即關注自己、信任自己、將「自我反思紀錄」寫在紙上並好好分析，然後根據你的新見解決定下一步的工作成果——將加速發現所屬課題群體的過程。

請記住：只需要發現一本書、一篇文章、一部紀錄片或一次講座，就能打開一扇通向無限可能的大門。

說真的，一旦你發現你的課題群體中某個成員的一篇文章，從那時起，你找到數十、數百個其他成員的過程將不再那麼難，而且會很快。每一個處理你的「課題」的新研究也會在其腳註、尾註和參考文獻中提供進一步的資料。閱讀目錄、摘要、引言和結論。大致看一下正文。仔細查看腳註和參考書目。留意任何引起你注意的標題，無論這些作品是否與你的案例有任何表面上的關聯。事實上，這些書籍和文章跟你正在處理的課題並不會完全相同，不論是地點、人物或時期——而這正是關鍵所在。這種距離有助釐清，你所熱中的課題並不被限制在任何時間與地點，而是為從事各種不同主題研究的研究者所共享。

　　將所有這些資料新增到你自己的研究參考文獻中，然後盡可能地取得，並對每一條新資料進行同樣的過程。重複這個過程，直到你確信已經找到足夠多與研究主題相關的資料，從你最看好的著作開始進行深入閱讀。當你進一步詳讀這些著作，或是當你發現真正和你所關心的課題相關的作品時，請一遍又一遍地問自己以下問題：

- 這個作者會怎麼稱呼我的「課題」？
- 這個作者會用哪些字眼來描述讓我感到困擾的事物？
- 這個作者顯然和我一樣，被同一個惱人的課題困擾得夜不能寐。他會用什麼詞彙來描述自己，無論是專業上、知識上還是其他方面？

　　寫下上述問題的答案。事實上，你要把任何浮現在腦海中的一切一律寫下來，因為這是一個難得且愉悅的時刻：你找到同行者的時刻。這些人將幫助你、啟發你、驗證你、挑戰你，並使你得以找到自己的聲音。

常見錯誤

- 在這次的關鍵字搜尋中沒有使用「改動一個變數」練習的結果
- 因為第二手資料在表面上看來與你的案例沒有直接關係，因而忽略你對它感興趣或受其吸引的本能感受
- 未寫下你對上述三個問題的答案——即你找到的第二

手資料如何描述或定義你的「課題」

- 太早就放棄，或並未對多筆第二手資料重複進行分析和內省的過程
- 只檢查在你的領域內的第二手資料，這代表你可能沒有在「改動一個變數」的練習中明顯地改變你的變數

為你的群體重寫

現在，你已經找到自己的課題群體，下一個挑戰便是為他們而寫，或者說，實際上是為他們重寫。我們鼓勵你嘗試使用第三章的研究提案初稿進行嘗試，但你也可以將相同的方法應用在任何其他處於初稿階段的研究創作，例如文章、摘要、會議論文（或稱研討會論文）、期刊論文、申請經費補助的提案，甚至是演講或口頭報告。

這個過程始於兩個步驟：

1. 確認你的研究領域的專業用語——你可能目前會使用，或不自覺地用來談論你「課題」。
2. 把這種「內行的」語言從你對於「課題」的描述中消除，以避免落入「邊指邊說」（下方將進一步說明）的錯誤示範，並使用讓領域外的人士都能理解的語言。

為你的課題群體重寫這件事並不像聽起來那麼簡單。想想以

下的三個挑戰。首先，群體成員可能對你的主題知之甚少，甚至一無所知。他們可能對你的時代、你的研究對象、你的研究地區毫無概念。他們可能對你的領域一點都不了解，當然也不會欣賞你那些專業用語——我們將在稍後討論這一點。

其次，令你的領域印象深刻的事情，未必會讓你的課題群體對你留下好印象。也許他們的領域已經回答了那些問題。也許他們對自由意志在民主社會中如何運作，或者對於地球上哪些環境威脅最為緊迫有著不同的共識。也許學者 X 的研究在你所屬領域中引發了無數的爭論，卻在你的課題群體中幾乎不為人知。又或者，出於某種原因，課題群體成員只是認為你的領域所關注的事，怎麼說呢，並不怎麼值得關注。

再者，你的領域中的各種糾結和禁忌，對你的課題群體來說並不重要。你的領域中的一派認為，自由鬥士帶來了政權變革，另一派則堅稱，政府被恐怖分子推翻了。你的領域認為，你不應該質疑 Y 理論的有效性，或者總是使用某種特定的用語來稱呼 Z 對象，但是你的課題群體並沒有這樣的限制。你或許之後會發現到，你的課題群體成員有另外其他的包袱，但是無論如何，你很可能需要以適應「課題群體」需求的方式來寫作，這跟你的「領域」對你的要求會有所不同。

你的課題群體會要求你把課題放在最重要的位置。擺脫了你的「領域」的顧慮，你可以專注於想要解決的課題。這將推動你的行文、你的論證架構和你使用的字詞。

每個領域都有各自的簡略說法、自己的「黑話」，外行人無

疑是會退避三舍或腦子一片空白。你不能以這種方式和你的課題群體交流。這麼做會讓你沒有辦法被理解。這也是為何找到你的課題群體是如此重要的原因之一：為了建立聯繫，你必須跨出自己領域的同溫層。

想像一下，有一天你必須缺席藝術課，並請朋友為你錄製課堂內容。不幸的是，你的朋友最後只有錄音。而從錄音檔中，你聽到老師說了以下的話：

你們可以在畫的左側看到，第二個人正以充滿威脅的方式看著這個人。但在這邊，我們卻看到這個人的表情是平靜的。

先記住這一點，因為我們之後還會回來談。

你想必是一頭霧水，你也理當如此。

對教室裡的人而言，老師一邊指一邊說明，是一種自然且有效的說明方式。然而，對教室外的人，包括當中聰明的人，都會覺得難以理解。老師指的，是哪一幅畫？誰在左側？誰是第二個人？「這邊」是哪裡？

當我們寫作時，如果只跟我們領域內的成員對話，那麼事實上我們就等於是在「邊指邊說」。

請看看以下這句話：

GMD和CCP殘酷的內戰結束後，後者露出勝利的曙光，緊接著成立PRC。

對於研究現代中國的學者來說，上述這句話是再直接不過的。然而，對所有不屬於這個領域的人來說，這句話看起來像是密碼。不但沒有揭示事實，反而是隱藏了事實。

因此，在為你的課題群體寫作時，首先應該擺脫簡稱和縮寫：

在中國國民黨和中國共產黨殘酷的內戰結束後，後者露出勝利的曙光，緊接著成立中華人民共和國。

以下虛構的例子，則是另一種讓其他人，甚至可能包含一些領域內的成員，都無法理解的寫作類型：

帕克和威廉斯的研究結果否定了文岱爾極具影響力的假設。

現在改寫一下，以便讓你的課題群體能夠理解：

研究者在十世紀的挪威墓葬中發現了刀叉等餐具在座頭鯨骸骨的旁邊，這反駁了一名學者極具影響力的假設，該假設認為，維京人只吃蝦子。

原來你說的是這件事啊！

內行人語言在某些情況下當然是有價值的，甚至是必要的。在專家之間使用，可以避免不必要的解釋並加速對話，專家們能

有更多時間深入探討其研究中更複雜的面向。你不會想聽到胸腔外科醫生解釋每個專門用語，也不會想要手術室裡塞滿需要以通俗易懂的語言來解釋狀況的人。

　　然而，在研究的早期階段，這些內行人語言卻是像洪水猛獸一般的存在。不同於在急診室的醫生必須迅速且有效地做出影響生死的決定，我們在研究的早期階段會受益於**速度放慢**和「**解壓縮**」的語言。在為你的課題群體寫作時，從專門的語言轉換到通俗易懂的語言是非常必要的過程。

　　原因很簡單。如你所知，你的課題群體的成員可能並非來自同樣的領域，也不一定擁有相同的研究主題。他們與你共享那些激發你研究動力的深層課題和困擾，但他們並不會知道在你的領域中，那些特定暗號代表什麼意思。這不僅包括名詞，也包括像「介入」和「協商」這類動詞。尤其當我們把這些動詞用作比喻時，往往會讓人不禁要問：到底是做了什麼，又是怎麼做的呢？以完整的描述取代這些術語，對這些術語進行註解，讓你的課題群體的成員能獲得所需的基本資訊，從而理解你的研究方向。幫助他們了解你的問題，並認定你是屬於同一課題群體的一分子。以具體的地點、時間、人物和機構為參照，清晰地表達你的問題、課題或困擾。

　　為他們提供完整的脈絡，他們就能夠幫助你進一步推動你的工作。避免使用簡稱、縮寫和專有詞彙，這樣群體的成員才可以分享想法或提出問題，幫助你驗證你的假設，引領你取得突破。

現在就試試：尋找並取代所有「內行人語言」

目標：在你的作品中，找出只有你的領域的同儕才能理解的語言，並重寫這部分，以便和你的課題群體成員建立聯繫。

我們強烈建議你不要在電腦上進行此項練習，而是使用一套最好至少有五種顏色的螢光筆，在紙上作業。這個練習包括三個步驟。

第一步：以群體之眼閱讀你的領域的文章

列印一份你的研究提案初稿，然後標示出你能找到的每一個「內行人語言」。使用不同的顏色來區分不同類型的內行人語言，例如：

- 藍色，用來標示首次提及的某人卻未做任何介紹的情況
- 紅色，用來標示未經定義或解釋的專業用語
- 橙色，用來標示那些與其說是揭示了事實，還不如說是模糊了事實的形容詞或副詞
- 綠色，用來標示被提及但未有簡要說明或解釋的事件
- 黃色，用來標示簡稱與縮寫

你也可以自行設計分類。

如果你選擇在電腦上進行這個練習，可以運用「文字

醒目提示色彩」，以各種色調標示文字。我們建議使用不同的顏色，因為這樣你一眼就能看出你文章中各種語言的色彩模式。（例如「黃色太多了——我顯然過度使用簡稱與縮寫！」）但你也可以使用不同字體、標記（數字、字母、符號）或任何你喜歡的代碼來進行區分。

頁一七三提供了一個單色範例。一開始，你的頁面看起來會像左邊的那一頁，最後則會變成像右邊的頁面。

保持頁面乾淨不會讓你贏得任何獎勵。現在是找出並標示內行人語言的時機，標示得越多越好，因為這樣才可以讓你的思維更加清晰，明白如何更有效率地和你的課題群體溝通。

第二步：以非專業領域的角度重寫

在標註文件後，現在你只需針對那些你標出來的部分進行重寫。當這些被標註的部分第一次在文章中出現時，請按照以下步驟進行修改：

　　a. 個人。提供全名，最好加上簡短的生平描述。

　　b. 機構。提供足夠的細節來描述。

　　c. 專業用語。刪除，並改以該現象或原理來描述。如果必須保留該詞語，則清楚地給出定義。

　　d. 形容詞和副詞。尋找任何暗中「偷渡進來」的價值判斷——像是「傳統上」、「正常」、「顯然」、「科學

未解釋
的事件

無效的
形容詞
和副詞

重寫之後

專業用語

重寫之前

地」、「清楚地」和「非理性的」等詞語，並以更具
體、具開放性和清晰易懂的語言來取代。

e. 事件。簡要解釋發生何事及任何與其相關的背景。

f. 簡稱與縮寫。刪除並以全名或簡短的描述來取代。

請記住，我們的總體目標不只是避免模糊不清的語言，
更是要充分展現那些需要被展現的內容。你所做的一切絕對
值得肯定。

常見錯誤

- 只標註出明顯的名詞，而忽略了隱晦的或專屬特定領
  域的形容詞、副詞和動詞
- 只使用一種顏色、字型、標記方式或其他獨特的辨識
  方法。使用不同方式進行標註，才能幫助你更系統
  化、更準確地識別出你使用內行人語言的習慣。
- 用其他的領域詞彙取代標出的領域詞彙，而不是用非
  專業人士也能理解的語言

智囊團：我的通俗版提案是否清楚易懂？

現在，你已經系統化地標示出你的研究提案中各種不同
類型的內行人語言，請以一般（非專業）讀者可以理解的語
言來重寫。接著，請一個不是此一研究對象的專家（即對你

的主題沒有專門知識）的人來閱讀這個版本的提案，並標示出任何他們不理解的部分。你可能會很驚訝：當我們深入一個研究主題時，我們很容易失去客觀角度。哪些單詞或片語令他們感到困惑？他們能夠掌握我的行文邏輯嗎？哪些段落讓他們感到不解？重新撰寫這些部分，直到讀來清晰易懂。你的智囊團可以幫助你更清楚地表達你的研究課題。

歡迎來到你的課題群體

　　請注意，這個群體不叫「解方群體」（Solution Collective）。課題群體中的成員在思考可以／可能怎麼解決課題上，或許存在著極大差異。怎樣解決貧窮問題？理想的學齡前教育是什麼？如何有效遏止恐怖主義？他們的提議各不相同，但以自我為中心的研究者可以從容地接受群體內的分歧意見。你可以沉著地（而非心存戒心地）接受，並非所有群體內的成員都和你有相同的想法。他們並非全都是或都將成為你的朋友。而這是一件好事。你並不是為了你目前的想法尋找共鳴。你也不是為了尋找認同感。反之，你正在尋找新的視角來思考你的課題，這是推動你前進的動力。以自我為中心的研究者能夠在一個具開放性和批判性的距離下，考量各種解決方案的提議，以及尋求解方的辦法。

　　不要駐足停留。課題群體是一種集體的思想展現，而思想是不定的、流動的。這是一處不斷進化的場所，你可以在此尋求新的想法、充電或自我更新。這不是一個能讓你用來逃避你的研究

領域或尋求認可的避難所。找到你的課題群體的目的，也不是為
了讓你用你的知識廣度或跨學科性威懾他人——這種自大完全違
背了以自我為中心的研究。重點在於持續尋找。你應該不時地離
開（並經常回到）你的課題群體，進行探索，這包括走向其他地
區、範疇及時期等。請記住，這只是一個開始。你可能會不只屬
於一個課題群體，而你對它們的關注也可能會隨著你所進行的不
同計畫而改變。

第五章 | 如何探索你的領域
How to Navigate Your Field

　　找到你的課題群體並不容易，但找到你的領域卻很簡單。事實上，你的領域會找到你。

　　主要原因是，在最廣泛的意義上來說，領域多與主題相關，而那些範疇會主張你屬於它們。你的領域會將你拉回主題迷宮。

　　每個領域有自己的期刊、專業協會、定期通訊刊物和眾多其他各種組織機制，對有興趣的人進行招募。大學劃分成各個科系，其中多數系所都以領域命名，例如化學、經濟、電腦科學、古典學、英國文學或亞洲研究。人口研究學院或性別研究所可能是由群體所組成，但這些組織模式在大多數的機構設置中相對罕見。領域和群體之間的張力，是現代學術界的知識分子生活當中持續拉扯的一部分。

　　領域不同於課題群體的是，前者是由活動範圍或研究目的來定義；後者則是由共享的知識議題或一系列的關注重點來定義。假如你的研究計畫是關於布穀鳥鐘的歷史，那麼你將不可避免地成為德國研究領域的一部分，因為這種計時器和當地的黑森林有關，但你的課題群體可能是材料文化學者或技術史學家。

　　或是假設你就讀藝術史學系，而你想撰寫的對象是中國當代藝術家徐冰。徐冰以裝置藝術作品《天書》聞名，他創造了四千多個無人能懂的「偽」漢字，並將這些字用宋代的活字印刷術印成線裝書和長卷。你可能會和語言學家、策展人、書法家、平面設計師、電腦科學家、木板印刷術歷史學家、文字文化學者或「打油詩」專家交流。在這些人之間，你或許會找到一些與你有共鳴的知識伙伴，他們都很好奇藝術家如何，以及為何，運用熟悉的文化形式挑戰人們對美學和理解本身的期待。

　　你的「群體」就像你的朋友：你們分享共同的興趣，你選擇和他們共度時光。找到「群體」是自我認同的過程。你的「領域」則更像你的家人：前輩成員在你之前便已存在，他們視你為自己人，而無論你是否喜歡，你都必須和他們共處，並花很多時間與他們在一起。你在領域中的成員身分並不完全是你的選擇，因為它在一定程度上是分配給你的。當然，你可以放棄你的領域，斷然拒絕其價值觀和慣例，只是人們可能仍然會注意到你和領域之間的相似之處。

　　人們總是以「家人」的身分來看待自己的家庭成員。有些人從未意識到他們的家庭成員也有其他身分，例如他們也同時屬於其他群體。孩子們不會想到父母的職業；他們理所當然地認為父母會去工作，然後回家陪他們玩或接他們回家。然而，父母可能會花費許多或大多數清醒的時間來解決與孩子無關的課題。他們可能參與各種公共文化、協會、志願團體、倡議組織，或是其他具有獨特信念、為了解決孩子們並不知道的課題而存在的機構。

當我們發現，我們的父母除了撫養我們之外，還花了那麼多時間做其他事情時，我們會以全新的眼光看待他們，且禁不住問道：「這些人到底是誰？」

本章的核心問題之一便是：「你該如何看待你的領域中的成員其不同意見的課題和興趣？」

當你的領域同儕進行研究時，為什麼他們不一定是為你而寫？正如你現在所意識到，他們很可能是為他們的課題群體創作。如果你希望你的領域會努力以你的方式來了解你、了解什麼是你的課題，那麼，請停下來問問自己：他們的課題是什麼？畢竟，對於研究機構來說，領域才是首要的。然而，對於組成任何特定領域的學者來說，他們的課題才是首要的。這正是其中一個讓領域變得既充滿活力又令人沮喪的內在矛盾。

你的課題群體幫助你了解自己。

你的領域幫助你超越自己。

識別出你的領域內不同的課題群體，你將能更理解該領域是如何運作，以及如何讓該領域為你服務。身為領域中的一員，不僅意謂著你獲得了一張會員證，成為其價值觀和規範的被動傳遞者。你可以扮演你的角色，在推動領域的演變上發揮積極作用。

發掘研究領域中的課題

領域具有多重優勢，包括主題的一致性，以及各種如期刊、會議、協會、文獻資源和資助單位等組織架構，以支持特定領域

的研究和學習。這些組織架構促使尋找和主題相關的資料、事實和其他研究者變得更加容易。它們不斷生產和編纂知識，建立並讓規範愈見完整，並透過同行評審，對其成員的研究著作進行品質管控。課題群體則缺乏這些支援，這也是它們更難以識別和接觸到的原因之一。

然而，領域也有其局限性，這些限制對研究者的影響範圍廣泛，有時只是引起些微的不便，但也有可能造成嚴重的阻礙。隨著領域逐漸發展出其規範，盲點也逐漸產生。公認的智慧可能會演變成空談，進而阻礙創新。過度崇拜權威，或是權威對自身影響力的自我強化，可能會導致教條的出現。資淺的研究者可能會覺得必須跟隨主流，並反射性地壓抑自己的興趣和想法。

在本書第一部分，你所做的很多工作無非是為了讓你成為以自我為中心的研究者，而這已使你為克服或避免這些常見的陷阱做好準備。無論是處理單一資料、一系列搜尋結果，或者只是動筆，你一直都在傾聽自己的聲音，誠實地面對和感受來自內心的悸動。

我們會在本章中提供幾個構想和方法，協助你達成以下目標：

- 在有效地探索領域內大量知識的同時，始終不忘你對自己的「課題」的關注；
- 充分利用領域的資源，特別是那些同時也是你課題群體成員的領域同儕；

- 避免研究者在和領域互動時常落入的陷阱——包括概念上和方法上的陷阱。

其中一個錯誤，便是將一個領域僅視為一個主題，而這主題不過是一些子領域或子主題的集合，雖然相對明確，彼此之間卻並無太大關聯。我們一再看到學生對自己說：我只需要「縮小」主題，然後就能有一個研究計畫。然而，正如我們之前所說：你無法藉由縮小範圍來逃離主題迷宮（其實「子主題迷宮」還更糟糕）。

這就是為何我們鼓勵你將你的領域視為各類課題群體的聚集，而不是子領域的集合。採取這種思維模式可以讓你的視野超越具體的案例，並看到聚焦於截然不同的主題的研究者之間共享的課題。你將學習利用領域內極其豐富的資源，而不致受困於主題迷宮當中。

一旦心態改變，你將從根本上改變你和領域的關係。

讀懂你領域中的課題：重新想像「文獻回顧」

我們先從重新思考一種探索某領域常見的方式開始：此即「文獻回顧」。

眾所周知，「文獻回顧」是學術論文、文章、學位論文和書籍的必要組成部分。這一部分位於論文或文章之前，作者會在此提出並回答一個問題：「我是如何來到當前課題的？」（「領域現

況概述」類的文章也是類似的方向：綜合各種觀點並分析其對研究產生的影響。）藉由文獻回顧，你證明你已閱讀所有關於特定主題或課題的研究著作，以確立你進行研究的權威性。你追蹤了一個知識譜系的各種線索，指出當中的辯論、理論、重要發現和變革性的想法，這些都是讓讀者了解你的研究目的所必需的。你不僅是在編纂一份年表或出版物清單，而是在提出一個觀點，說明你的研究是延伸自或建基於那些前人的努力，而且，你也會處理課題當中的一個新面向。

在第二章，我們建議不要透過聲稱你的研究填補了「領域中的缺口」來為你的計畫辯護。現在，我們會將告訴你，如何避免成為一名填空者。畢竟，領域不是一個需要填補裂縫以防止潰堤的破水壩，也不是需要補綴的衣物。反而更像是聚會中一場持續進行的對話，而你剛剛加入其中，如果你只是占了一個空間，沒有人會對你留下深刻的印象。他們想要的是你以引人入勝的方式提出的想法，這將有助於他們改進自身觀點。

文獻回顧以乏味艱澀聞名。這部分很難寫，有時甚至是更難讀。而對你來說，現在它可能又更難了。你才剛讀過你的課題群體內其他成員的幾篇研究，這些作品對你有所啟發，因為內容直接切中你的課題的核心。而你可能對於閱讀整個領域不太提得起勁，包括那些與你的計畫相距甚遠的部分。這可能會讓你感覺像是在申報智識上的稅務一樣──只是一種職責，而不是樂趣。

幸運的是，有一種簡單的方法可以緩解這種感覺。由於每個領域都是由來自不同課題群體的研究者所組成，因此在文獻回顧

中，你的工作就是要聆聽這些其他群體的看法，承認其他群體的成員們帶來的研究方向和價值觀對你的主題的影響，並從他們的課題（而非你的課題）的角度出發，去看待他們的研究成果。

跟其他群體互動可以讓你更了解自己的價值觀。你學會尊重其他群體，亦能避免錯誤的想法，以為如果有人對相同的主題提出不同的問題，他們就是錯的。也許他們只是有不同的研究目的，並試圖解決不同的課題。

假設以下情境：你身處你的領域的一場會議中，正在聽一場與你的研究主題相關的演講，但你覺得，內容實在乏善可陳。

某個想法隨即閃過你的腦海：這名同行是在處理我的課題，但也太拙劣了吧。

這是一種「自私」的反應，而不是以自我為中心的反應。對於一個意識到課題群體的存在、並以自我為中心的研究者而言，其應有的反應會是：這名同行處理的，看來是和我的主題一樣，但他從一個非常不同的課題的角度來切入。我想知道他的課題是什麼？

一系列新的問題浮現：他們的研究工作和他們的課題會如何幫助我和我的課題，反之，我這方面，又會如何對他們有所助益？他們是否看到我未曾注意到的事物？

第二種心態的優點顯而易見：你將得以更善用領域和群體之間常見的分歧，創造出新的能量，並改變這兩者。

這些過程可以讓標題平淡無奇的「文獻回顧」頓時生動了起來。在探索你的領域時，你要做的是把一些初入行的學者和已故

的學者聚集起來，讓他們彼此就一系列的問題和關注的重點進行對話，兩者同時注入你的課題，使你的課題成為最具說服力和最重要的研究概述。

以下是一些當你在評價資料時必須牢記的事項，這些原則同樣適用在領域和群體成員的著作中：

- **抱持懷疑態度**。只因為某些文章發表在同行評審的期刊或書籍中，並不代表其論點就是無懈可擊。你不應該毫無根據地持反對意見，但也不應該盲目地相信專家的觀點。
- **保持公正**。精確地呈現每項研究的優缺點。
- **聚焦於作者關注的重點，而不是你的**。在評價某一著作時，你要聚焦於對作者而言（而非對你而言）最重要的論點。換句話說，你要聚焦於作者撰寫此一研究時試圖達成的目標，而不是任意為了自己的需要而掠取研究中的部分內容。用一篇評論大肆批評原作者在文章中無關緊要的觀點，是非常不公平的。

將你的研究領域視為一套需要被驗證、優化、修改、重新安排和補充的命題，而非一套必須盲目遵循的規範。這就是你的職責所在。

要保持懷疑態度，但也要避免新手常犯的錯誤，那就是僅僅是為了唱反調而嘲笑權威。美國以諷刺著稱的《洋蔥報》（*The Onion*）便藉由一本虛構的書完整道出這種傾向的精髓：溫德

爾・史賓塞的《學校沒有辜負我們的孩子：我們如何對一種普遍的觀點提出挑戰，並宣示相反的論點》。你的領域中不需要更多裝腔作勢的人。

　　同樣地，一個領域並不會（也不應該）容忍那些霸凌或激烈批評同行的人。在思想的競賽中，思想才是關鍵，而非其提倡者。當你在評價一項研究時，務必把精力放在研究本身，而不是研究者身上。這麼做將有助於你保持公正無私，而在該論點理當得到稱讚或是批評時，你也不致感到良心不安。你有責任以真誠的態度呈現他人的構想。

現在就試試：建造你自己的「你的課題是什麼？」書店（即以課題群體來組織你的領域）

　　目標：藉由將少量的第二手資料整理成「課題區」以驅動研究的課題，而非「有關的」主題來分類你的領域中的研究著作。

　　在第四章，我們請你想像一家書店，店內書架是根據每個作者的書籍背後的核心課題來排列，而不是每一本書所涉及的「主題」。例如，店裡不會有稱之為「哲學」的書區，不會在其中一排書架陳列有關德國哲學家的書；另一排書架擺放希臘哲學家書籍；而第三排書架是關於印度哲學家的書籍，諸如此類。相反，這家「課題書店」裡面會有以（再次舉例來說）「人們如何鑑定宗教經典或古代著作的真偽？」

或者「如何理解邪惡？」或者「我們如何教導自己和他人做出符合道德的行為？」等類別命名的書區。

好，用於假想的時間結束。現在你的工作是利用研究上需要閱讀的書籍，讓這家書店成為現實（雖然是小規模的）。以下是具體步驟：

1. 選擇六到八筆在你的領域內和你的主題相關的短篇第二手資料（文章或書中的章節，不是整本書）。在目前的研究階段，你已經整理出一份初步的研究主題參考書目。你的智囊團可能也提出了一些建議。不用太在意你的選書。只要是嚴肅的學術著作，而且是「關於」你的主題，這就足夠了。你可以隨時增加更多的資料。

2. 以表9為格式，寫下你清單中第一個研究的主題。你可以在此寫下概括的描述，例如「古希臘哲學」或「佛教」。這應該很簡單。你應該能在閱讀該研究前，便透過文章或章節的簡介（甚至只是標題）來識別其主題。

3. 現在，寫下該研究所聚焦的具體案例。或許是日本中古世紀佛教建築的研究，或是古代斯多噶學派哲學中的特定要素。同樣地，這一步應該相當簡單，因為作者很可能會在研究的標題或開頭部分中提到相關案例。

4. 列出該研究提出的具體問題。這裡，有賴更精確的步驟，也是你細讀技巧的體現。如同你早前為研究所做的——你進行腦力激盪並精煉出一系列小規模和中等規模的問題，這些問題「加起來」便逐漸形成一個更廣泛的計畫——現在，你要試著辨識構成你所閱讀的研究當中的小規模和中等規模問題。如果你運氣夠好，研究者會清晰明確地陳述他們的問題。但你可能仍需要根據他們所提供的解釋和主張，進行「逆向工程」來釐清作者的問題。盡可能找出多個問題，想辦法找出至少十個。

5. 試著在這些問題中找出模式。再一次，這個步驟跟你之前做的練習完全相同，只是這次你要專注於別人的研究，而不是你自己的。分析你找到的十多個問題的列表，然後問自己：要我猜的話，這個作者可能關心或著迷於什麼？是什麼在推動著他們？你同時也要注意作者看起來沒有提出的問題，這些問題對你而言相當明顯，而在研究中，原作者似乎沒有回答到。所有這些都是「自我反思紀錄」——還記得嗎？——只不過這一次，這個「自我」不是你，而是他們。

6. 嘗試辨別課題。現在，你已建立好問題列表，並分析了構成這些問題的模式，你準備好要展開這項練習中最困難，但最有價值的部分：嘗試看穿作者的案例研究，並辨認出更深層次的課題。盡可能以常用的詞彙

和表達方式，寫下一句話來描述這個課題。但願我們不必再次說明了，無論如何，請務必避免混淆作者所用的案例和他的課題。

7. 對你清單上的其他研究重複進行步驟1至6。

8. 一旦你已對大部分或全部的研究完成這個過程，請試著辨識出連結不同作者之間的課題的主題或模式。你所辨識出的不同課題中，有沒有哪些看起來相關？如果沒有，請不要強求。即使有一些「獨一無二」的問題，那也沒關係。但如果有一些課題似乎有共通之處，請嘗試就其分門別類。現在，試著給這些更廣泛的課題群體命名（你可能需要微調敘述方式，擴大或抽象一些也可以）。你最終建立的類別和類別名稱，將成為課題書店中的不同書區。一旦完成後，你就可以開始營業，歡迎其他需要幫助的人上門！

表9.　將你的領域組織成課題群體

資料 #	研究題目	主題	案例	課題	課題群體
1					
2					
3					
4					
5					
6					

　　這項練習具有雙重效果。首先，當你學會將你的領域分成不同的課題群體，你便能更有效率地探索你的領域，更能理解（和記住）你所讀到的論點和事實。當你知道驅動某人研究的課題是什麼時，你不僅可以更清楚地了解如何閱讀對方的作品（例如，辨識出哪些部分是論證的關鍵，而哪些部分只是附帶說明），你還可以更清楚地知道，你自己的大腦應該怎麼儲存並組織所有你所面對的論點和資訊。學者的課題是他們論證的骨架和結構。一旦沒有了課題，即使我們閱讀的是最嚴謹的學術作品，有時也會讓人有種像被事實和論點的海嘯淹沒的感覺。

　　還有第二個原因：你會培養出一種神奇的力量，透過這種能力，你可以與其他研究者更深入、更有意義地交流。因為你看到了他們真正研究的是什麼，而不只是他們藉以進行研究的情境，如地點、時間或時期等。你會發現，（舉例來說）兩個針對同一中東皇室家族的族譜研究，或三個關於里約熱內盧同一貧民窟的社會學研究，可能是由完全不同的課題所推動。同樣地，一項有關里約的研究和一項有關中東皇室家族的研究，可能是被完全相同的課題所推動。案例和課題並不是同一回事。

　　需要說明的是，隨著你研究計畫中的第二手資料列表不斷擴充，我們不建議你對自己領域中的每一項研究製作詳盡的目錄，或進行全面的重新分類。（你不是真的要開一家書店。）但我們相信，這種心態可以帶來更有效（而且坦白地

說，更加愉快）的研究過程。簡單來講，明白研究中所面對的核心課題，無論是在你自己還是在別人的作品當中，都能讓你在研究的海洋裡自在航行。

常見錯誤

- 依照主題或子題，而不是課題對研究進行分類
- 依照案例，而不是課題對研究進行分類

現在就試試：改動他們的變數

目標：了解其他研究者如何處理主題、課題和案例。透過使用上述的「改動一個變數」練習，跟指導者、智囊團或你的同儕進行訪談，了解他們的研究課題。

要分辨出「課題」和「反映課題的案例」兩者可能不會太容易。在進行前面的練習時，或許你也已經發現到了。而你也了解到，為何看到案例背後的課題是如此重要，以及為何運用多種策略會有助於完成這項工作。

這裡我們改變了「改動一個變數」練習的作法。在第四章，你的每一次練習，都得更改自己的研究問題中的一個變數，看看這對尋找你的課題有什麼啟示。現在，你必須請另一名研究者——指導、智囊團或同儕——和你一起進行同樣的步驟，由此，你便可以更加了解他們的主題、案例和課題。

　　如果對方來自你的領域，那就太好了——你將理解到主題、課題與案例之間的互動如何影響其他從事類似研究主題的研究者。不過，這只是一種選擇。重點是要學會怎麼找出那些除了你的想法之外，在研究世界中具有推進作用的課題。這個過程理應讓你感到更有自信、更有力量，並且加強你和其他研究者之間的聯繫。

　　以下是你要做的事：

1. 回顧「改動一個變數」（以下簡稱：「改動變數」）的練習，喚回你的記憶。親自練習過後，你勢必又有了不少全新的啟發，所以不妨重新翻閱第四章中的這一部分。

2. 向你選擇的受訪者介紹這個練習，先假設他們不知道「改動變數」練習的作法。你可以用自己的方法描述其目標和過程，或者是讓他們直接閱讀本書。你可以向他們解釋，你已經做過這個練習，現在想以相同的方式，進行關於他們的研究的訪談。你可以解釋這次訪談是你自我訓練的一部分。除了想更深入了解他們的研究外，你還想要實踐在其他人的研究中，藉以學習區分主題、案例和課題。請明確說明這次對話是保密的，你的筆記僅供自己使用。

3. 準備進行一次非正式、不帶任何批判的對話。你的職責是聆聽、透過提問來釐清，並記錄內容。你已經富

有撰寫自我反思紀錄的經驗；此刻，你要成為速記員，寫下他人的自我反思紀錄。記得帶上你的筆和筆記本，你可以用第155頁的練習來追蹤各個變數的改動，以及你的受訪者對每一個改變的反應。

4. 先問一些熱身問題，引導受訪者確認他們的主題。接著，提出一個涵蓋他們認為最能概括其核心課題的所有相關變數的問題。例如：

- 你從事什麼研究？（主題）（注意：如果他們的回答是「我從事很多種研究！」，請讓他們先選擇一項有代表性的研究來開始。）

- 如果你必須用一個問題來描述你的研究，那會是什麼？（注意：如果他們提出一個非問題的句子〔「我在探討貧困問題」——參見第61頁〕，請告訴他們，這個練習需要一個真正的問題。必要時，可以給他們一個「改動變數」的例子，或者讓他們從自己的研究中選擇一個問題。）

5. 將他們對主題和完整的研究問題的描述筆記下來。在這裡可以花些時間——把問題複述給他們聽，確認問題是否完整。提醒他們，這個技巧的規則要求問題盡可能全面，涵蓋所有相關變數。用詞不必講究優雅。

6. 一旦他們確認問題完整，你就開始為他們逐一更改變數，並寫下結果。這個變數的改變如何影響你的心電圖讀數——你的興奮程度？要你猜一下的話，那是為

什麼呢？這是整個練習的重點，需要花費最多的時間，而且為了有所成效，你的「注意力雷達」不能遺漏任何細節。再次強調，不要帶有任何偏見，但如果你聽到以下任何一件事，請禮貌性地打斷並請對方釐清：

- 抽象、高層次、理論性或模糊的語言（「你提到X概念。在這特殊案例中，具體來說，那是指什麼？」）

- 專業用語、簡稱或縮寫（「我不懂那個詞。可以用更常用的詞彙嗎？」）

- 當你問他們為何改動變數會讓他們感到更興奮或沒什麼興致時，他們可能會脫口而出新的詞彙。**不要忽略這些新的詞彙。**一一指出來。這是人們對於為自己的選擇進行說明感到壓力、並不自覺地自我揭露的時刻。這也是一個傾聽者成為研究者最好的朋友的時刻。你現在就是他們的智囊團。讓他們再聽一遍他們說過的話，並提醒他們要更加精確地表達。（「你剛才說了一個不在你的研究問題中的字詞。那是你研究中的一個關鍵變數嗎？是的話，那麼你會怎麼修改你的研究問題？」）

7. 當你感覺到受訪者對變數更動的回答讓你們都更接近課題時，請改變策略。和他們分享你所觀察到的事，並請他們推測是什麼課題可能導致他們表現出這種興

奮程度的模式。（「這是你對改動這些變數的回應。
你說這些變數可以更動，這代表你也對那些案例感興
趣，而這些其他變數則無法改變，意謂著它們對你的
研究來說至關重要。如果要你推測的話，在這個研究
計畫背後，你關心的根本課題是什麼？」）

8. 希望你們有一次充滿洞見和愉快的訪談。無論如何，
務必要感謝你的受訪者願意花時間接受訪問！

常見錯誤

- 犯了在第四章「改動變數」練習中所列出的錯誤，包
括對變數的改動程度過小，以致對研究的基本構成幾
乎沒有影響
- 在訪談之前沒有解釋「改動變數」練習的目標和過程
- 太膽怯或太謙遜，不敢提出後續問題或要求釐清問題
- 未將過程寫下來

訪談結束後，請做出總結。你感覺如何？對你們雙方來
說，「改動變數」練習的進展如何？這比你預期的容易還是
困難？當你的受訪者加入新的變數時，你是否多加觀察？你
覺得自己是否保持中立？你想再次與他們或其他人進行這類
訪談嗎？

你必然更了解你的受訪者了。也許你甚至還幫助他們更
深入地認識他們自己。你委婉的追根究柢，既單純又持續地

提出具挑戰性的提問，很可能有助於他們朝向成為以自我為中心的研究者的道路邁進。你可能也會很慶幸的得知，原來成為一個學生最好的方式之一，便是成為一個教師或指導者。這是超越自己的最好的方式──養成習慣去幫助其他研究者更專注於他們的研究課題。

　　透過你適才做完的練習，你已經完成了一次重大的心理飛躍。你已經把特定領域中帶有特殊性及領域專業用語的具體案例，從跨越不同領域限制的、更為一般性的課題中區分出來。這種精神上的蛻變讓你擺脫了將領域僅視為主題迷宮的狹隘觀點──誤以為只有共享主題的研究才相互關聯。現在，你有了方法，可以判斷對你領域內的不同研究者來說，什麼才是真正重要的事，同時診斷出一個研究背後的課題，無論該研究有否明確闡述其課題。（當然，你可能會遇到缺乏課題，而且仍停留在主題迷宮的研究，但你也可以讓它們變成對你有用的研究。）對於驅動著你的智囊團或你所信任的研究者進行研究的課題，你也有了更深的認識。就你個人的研究而言，於此你應該明白，你為何沒有必要，也不應該只是「切合主題」。

　　除了你目前的研究計畫，你還獲得了一種更靈活的方法，用以探索一個領域，讓你敏銳地察覺該領域內其他「課題群體」所關注的重點。你掌握了多種方法，學會在找出領域中對你最有用的部分的同時，維持在自己中心位置。

　　對你來說，這個過程永遠沒有真正完結的一刻，因為你的領

域並非靜態的。它不斷有成員加入、離去，新的出版品也不斷出現。如果你認真尋找的話，你將繼續發現你以前不知道的早期研究。

現在，你已經根據課題群體對你的領域進行分類，你需要了解如何與你的領域內的成員溝通。

現在就試試：為你的研究領域重寫

目標：在「課題群體」的啟發下，學會用你的領域能夠理解的方式來撰寫「課題」，並以「領域視角」來看待「課題」。

在第四章中，你是為了你的「課題群體」寫作。在為「課題群體」寫作時，你需要排除所有只有你的領域內的人才能輕易理解的內行人語言和專業用語。這些語言和術語需要重新改寫，對你的「課題群體」的成員才有意義。

現在正是改變受眾，並重複這個過程的時刻，但是你需要達成幾個新目標。如上所述，你的領域主要由不屬於你的「課題群體」以及對你的課題不感興趣的人所組成。那麼，為何要為他們而寫？換句話說，從「領域視角」來看待你的課題有什麼價值？

當你有必要向一個不關心（或者自以為不關心）你的課題的人解釋你的研究計畫，可能會有一些好事發生。當然，你可能會改變他們對於你的課題的重要性的看法。人不是一

成不變的；他們可以被論證和證據所說服，而你可能會發掘一個新的盟友。透過你的努力，你可能會幫助你所在領域的不同「課題群體」成員找到彼此。即使他們不會成為你的群體內的成員，你也能幫他們深化進行其他研究的問題。無論如何，你都會改變你的領域。

我們的目標是確保你所寫的內容讓人容易理解。請檢視你研究提案的初稿，並標示出你的領域內的同儕不太可能知道或熟悉的詞彙。這些詞彙可能包含以下幾種：

- 概念和理論
- 與你的「課題群體」有關的主要作者
- 群體內成員之間的關鍵爭辯或論點
- 人名
- 機構或組織名稱
- 標題
- 簡稱和縮寫
- 時期劃分
- 主題

如同你在為你的課題群體寫作時特別標示出內行人語言，現在，請凸顯出你（和其他學者）所熱中的事物。

為你的領域重寫，對你個人而言，也有著其他好處。在第一章我們曾提到，「厭煩」在我們研究的早期階段可以是良師益友，並舉例說明厭煩感是如何幫助你闡述並概念化你

所關注的重點。我們還談到，以不帶批判的態度面對自己厭煩的事有多重要。如果你告訴某人你所關注的是X，而他嘗試提出的每一個與X有關聯的事物（如A、B、C和D）都讓你感到無比厭煩，你也不應該自我批判。不要強迫自己對任何事情產生興趣，即使那很重要。

這下子，厭煩感又回來了，但這一次它將以不同的方式幫助你。相對於為課題群體重寫，當你為你的領域重寫時，唉，你將不得不探索那些你認為比較不吸引人或與你的核心問題和課題的邏輯比較沒有相關的部分。這些令人生厭的事並不會幫助你更深刻地理解自己的思考模式或者你真正的課題——它們只是你早已充分了解卻感到無比沉悶的主題和問題。

然而，這仍是必要過程，原因有很多。以下是其中兩個：

1. 積極參與的讀者會成為更好的研究者。透過認真且誠實地投入思考這些方面和問題，你將你的領域同儕視為你本身以外的其他課題群體的成員，並以誠摯且尊重的態度與他們交流。你必須直接面對其他人的議題。他們並不認為你研究中那些被你視為與課題無關、屬於次要的部分「令人厭煩」。對他們而言，這很可能正是他們願意了解你的研究、聽你演講或參與和你的交流的原因。他們認為這些課題或令人不安、

或令人著迷、或值得長期（甚至整個職業生涯）的投入。你可以想像，若你認為這些方面無趣或不值得深思，不假思索便輕易拋下，這可是不小的侮辱。對某些人來說，這就如同輕視讓他們日夜懸念的課題，甚至是最初推動他們成為研究者的原動力。這是非常個人的事。相較之下，真誠地投入這些問題，才是你理解並認真對待這個事實的方式：你的領域的同儕可能屬於與你完全不同的課題群體。

2. 積極參與會引領你發現並接受新的研究課題。我們所鼓勵的積極參與的方式對你自身的知識和個人成長都有所裨益。有時候（雖然不總是如此），對「令人厭煩」的議題認真投入的努力可以悄然改變你和你的觀點。有時候，你甚至在剎那間一瞥這些課題的靈光，猶如視這些課題對其身分認同至關緊要的群體之眼來理解。更令人讚賞的是，你找到了將這些課題「翻譯」成自己語言的方式，你的腦海中可能會偶然閃過新的見解，讓你發現一種措辭或表述方式，然後突然間你感受到困擾襲來。你意識到，一直以來，讓你「厭煩」的不是這課題本身；只是你從未聽過讓這個課題具有意義的表述方式。而此際，你聽到了，霎時你也發現，你從此夜不能眠。

請記住：如果你的初稿（甚至已第五次、第六次修潤）

仍屬於向內探索，這也是完全正常的。重要的是，你的每一次修改和每一份初稿都應向外擴展、開放、為不熟悉你的課題的讀者做好準備，並邀請他們進入你的課題當中。讓你的課題成為他們的課題。用他們能理解的語言，告訴他們推動著你研究的那個根本困擾，讓他們也感受到你的不安。當然，你的研究必須提出論點，但同樣重要的是，你也必須為讀者提供他們需要知道的一切，以便他們理解你的論點。想像中的讀者是誰，你永遠不會知道。

智囊團：在你的領域中尋找智囊團

你所屬領域中的智囊團可以為你正在演變的研究計畫帶來新的視角。不妨想想跟你所在的機構之外的人聯繫──他們既不是你的上司，與你的研究結果也未涉及個人利益關係，他們有的只是他們的專業及熱忱。他們能幫助你，確保你的同行能夠理解你表達想法的方式。他們可以幫你找到或許你忽略了的資料。他們可以預先告訴你，和你的第一手資料相關的問題（也就是你的「麥片包裝盒」）當中，有哪些已經被你所屬領域內的其他人提出並回答過。同樣地，讓他們看你的研究計畫，請他們給予書面或口頭的意見。然後（你猜對了），一定要謝謝他們。

歡迎來到你的領域

成為領域中的成員是很值得的。你會發現，當你身處一個領域，就如同在一個課題群體內一樣，當中的研究者會發展出某種團隊精神。好奇心、不屈不撓和慷慨無私是驅動他們生產力和靈感的力量。領域的好處之一在於，當中不同課題群體之間會彼此碰撞，而有收穫。他們的困擾也成為你的困擾，然後突然間，你自己的研究會在你面前開啟新的維度。你會突然看到你的領域中的某個部分變得更為立體。

你的課題始終是核心。務必牢記在心的是，你的問題的規模、企圖心和獨特性從來不會受限於你最終從事的具體研究計畫的規模。事實上，恰恰相反：你的問題越是精采，越能引起共鳴，就越能從你的研究範圍內發散而出，而且往往是以你沒有預料到的方式蜂湧而出。

第六章 | 如何開始
How to Begin

　　你已經接近本書尾聲了。是否感覺鬆了口氣？你不停在進行的自我檢視，確實不是什麼愉快的度假活動。這是艱苦的過程，但你快接近完成了。

　　如果你確實感覺鬆了一口氣，那也是應該的。花一點時間來想想你到目前為止所做的一切。你掌握了一明確的課題，並將其轉化為研究計畫的雛形。你可以找到資料並且遊刃有餘地提出問題。你知道如何在與各種研究社群進行交流的同時，將重心保持在你的課題上。你找到你的課題群體。你探索並參與你的領域當中。你已經為這兩者撰寫並重寫了有關你的課題的內容。

　　還有要做的嗎？

　　有的，那就是寫作。

　　更具體地說，**由你所建立的自我中心為起點來寫作**。不是從狹隘的自我觀念出發，要提醒你的是，要從你透過本書的章節發展出來、發現到的廣闊自我出發。

　　現在，你已經找到了你的中心所在，是時候以此自我中心展開重寫的工作了。

　　請記住：你的中心並不是設計成用來擊退外來者並保護內部的軍事基地或要塞。也不是地圖上的一個位置。身為研究者，你的中心就是你的研究重心，在你不斷前進和變化的同時，始終讓你站穩腳步。維持在中心的位置意謂著你對自身的狀態感到舒適和自在。這是你在研究旅程中隨身攜帶的自我掌控能力。有時候，你可能會在旅途中迷失方向、感到失去平衡，或暫時迷失自我。但是一旦找到真正切合你的研究中心的課題時，你就能一次又一次地回到中心所在。

　　找到自己的中心所在能夠賦予你力量。成為以自我為中心的研究者，不僅意謂著你對某些事物感興趣，或者你讓人覺得有趣。這代表你有足夠自信，能夠分辨研究過程中會出現的各種選擇，並且能做出明智的決定來合理分配你的時間。發自內心深處，你知道什麼是真正值得做的。無論你只有一個在一個月內要完成的計畫，或是面對你未來的研究生涯，你都必須在各種有前景的想法和令人振奮的可能性之間做出抉擇。其中一些可能與你的核心課題相關，但大多數都不是。他人可能會因為你提出了這樣或那樣的聰明想法而稱讚你，但身為以自我為中心的研究者，你已能夠透過詢問自己來回應這類讚賞：是的，這很有趣，但這是否屬於我的「課題」呢？當你找到研究重心後，你能夠對那些燦爛迷人卻轉瞬即逝的點子和想法說「不，謝謝」，這些是你在缺乏自我的中心時會盲目追趕的一切。缺乏重心的研究者會被每個出現的好主意誘惑，從而展開追逐；保持重心的研究者則有敏銳的眼光。

因此，回到我們之前的論點，現在你已經完成了這一切美好的任務，找到自我的中心所在，那麼，在這本書中你最後的一道練習，就是從你的中心出發開始寫作。

別擔心，一切都是寫作

這個「現在是『寫作』時刻」的最後指引，可能會讓你覺得無比掃興。你短暫的寬慰漸漸轉為焦慮，甚至是恐懼。如我們所知，寫作是「艱難的部分」。而且，這本書中的練習似乎並未按照傳統論文所期望的結構逐步進行。你甚至沒有緒論，更不用說結論。你的行文基本上很粗糙。你沒有註腳。你什麼都沒有！我已經做了整整一本書的練習，卻還有一大堆有沒的沒等著我寫？！

不過，你知道嗎？其實你在整個過程中一直都在書寫。

讓我們盤點一下截至目前為止，你都寫了些什麼。假設你給自己足夠的時間去完成所有或大部分的練習，這代表此時此刻，你的筆記本或硬碟中應包含以下內容：

- 一份跟你感興趣的主題相關的搜尋結果列表，以及你為何對其感興趣的反芻思考
- 一份跟同一主題相關的、令你厭煩的搜尋結果列表，以及你對其厭煩之處的想法
- 一份關於一筆第一手資料的實際問題清單，而其中都屬於

「小」問題

- 「麥片包裝盒挑戰」的結果,即一份工作清單,其中包含你所選擇的第一手資料的多種問題類型,以及你接下來可能會尋找的第一手資料的相關想法

- 一份來自你的課題群體和研究領域的參考書目或第二手資料清單

- 一份讓這些「小」問題得以成立的假設(即這些問題的「前提」)的清單

- 一份第一手資料的搜尋結果列表,它是利用「小」問題中的關鍵詞進行精確查詢而得來的

- 你想像中理想的第一手資料,該如何使用,以及可能在哪裡找到這些資料的腦力激盪結果

- 一決策矩陣,能夠幫助你打造符合你的個性和各種決定性條件的研究計畫

- 一份滿是名稱、簡稱、縮寫、專業用語和其他只有你的領域的同儕才能理解的研究提案初稿

- 一份已經用螢光筆標示出所有內行人語言的研究提案列印本

- 一份修訂過的研究提案,內容使用了能讓你的課題群體輕易理解的通俗語言

- 「改動一個變數」練習中的工作表,包括改進後的研究問題,以及這個問題中可替換和沒有討論空間的變數的清單

- 「之前與之後」練習中的工作表,包括你對於你正在研究

．

的案例，要怎麼納入和你的課題相關的更大的故事架構中
- 「改動他們的變數」中，訪問智囊團的筆記
- 為概念化你的研究計畫所進行各個階段的工作中，來自智
  囊團的建議

此外，在閱讀引起你共鳴的第一手資料和第二手資料時，你
很有可能也做了以下的工作，而這些，盡皆以不同書寫形式展
現：

- 腦力激盪
- 列出大綱
- 發送電子郵件
- 在書籍或文章上劃線、標記重點、在書頁邊緣做筆記
- 在餐巾紙、外賣菜單、地鐵時刻表上潦草的筆紀
- 簡訊
- 社群媒體上的貼文
- 部落格文章
- 待辦事項清單
- 錄音檔

這一切都屬於寫作。全部都是。

你早就已經開始以寫作來精煉並強化概念的過程。你基於本
書第一部分的內省練習，撰寫了一份研究提案。你為你的課題群

體重寫了提案，以期能夠在共同課題的基礎上，接觸到更廣大的研究社群。你還為你的領域重寫提案，探索了領域內不同的課題群體，解釋你的研究可能對他人產生什麼影響。簡而言之，還在起步階段時，你就已經多次重寫研究計畫。

「等一下！」你說。

這不是真正的寫作！最多只是「筆記」、「日誌」或「寫作前的準備」。我手邊淨是一些零散的筆記，還有數不清的問題。也許我有一些摘錄的引文、一些新的事實和資料，以及一份粗略的提案，但我還沒有真正開始寫研究的本身。

但你的進度，其實遠比「開始」多得多。你已經為下一階段的研究做好準備，這個階段和之後的每一個階段一樣，都需要你重新開始。

所以，開始吧！

把那些零散的筆記，轉化為完整的句子和段落。

將那些引文放在你的作業文件中，並記下它們對研究課題的重要性。

查看你迄今為止所做的許多自我反思紀錄，並從你的筆記中，找出你認為以具說服力的語言說明了你研究中的根本「課題」的段落，並置入到你的提案或作業文件中。

把那些先前你注意到的、並複製貼上的參考文獻和資料找出來，再擴展成完整的腳註和書目條目。

這些步驟是創造性研究過程的一部分，都是構成研究論文、期刊文章和研究專書的素材。更直截了當地說，一部電影正是由

拍攝到和經剪輯的片段組成。一幅畫是由一系列色彩斑斕的筆觸在紙面上揮灑而成。一本書則是一個個詞彙、句子、段落、註解和圖表的集合。當然，你可以不斷地努力讓你的詞彙更加清晰、更令人信服、更具實證性、更嚴謹、更優雅。但要記住，如果你的目標是「寫作」，任何一個將筆尖放在紙上，或將手指放在鍵盤上的動作，都是這個過程的一部分。

寫作不是純淨、虔誠的行為。而是混亂、瑣碎的雜務。

因此，我們邀請你回顧你迄今為止創作出的成果，並理解你這一段時間以來其實一直都在寫作。雖然你可能並未以清晰且富有文采的方式創作，但你所寫的，是一種極具價值的原始素材。當你篩選你寫下的文字時，你會選擇要放棄什麼、要保留什麼。你會精煉你保留下來的大部分內容，並且幾乎整個重新改寫一次。你會從目前手邊的零碎筆記邁向精心構建的文章段落。

因此，當我們說，現在是「寫作」的時刻，我們真正的意思是，現在是時候將你已有的所有寫作成果彙整在一起，然後展開篩檢、挑選、組織和釐清的過程。

現在就試試：寫下第〇稿（Draft 0）

目標：在以自我為中心的研究過程中，曾完成各種不同類型的寫作成果，將這些成果整合成單一文件。

創作一份第〇稿，而不是一份需要大量重新寫作的第一稿（Draft 1）。你目前要做的，正是將所有的寫作內容整合

到單一的數位檔案中。

　　以下是你必須彙整的資料清單：

　　數位筆記。如果你一直是使用電腦、手機或平板電腦做紀錄，你可能已經以不同的文件、不同的格式、在不同的位置上儲存了下來。現在，是時候將這些筆記一律複製並貼到統一的第〇稿上了。這包括你在第三章中撰寫的研究提案初稿，以及你分別為課題群體以及領域同儕重寫的提案版本。不用在意要貼在哪裡，隨意貼上即可，這個時候結構還不重要。

　　手寫筆記。如果你曾在零散的紙張、精裝筆記本或餐巾紙上做筆記，全部逐字謄錄到第〇稿中。先克制自己不要重寫。

　　底線、標記和頁緣註釋。回到任何你以一種或其他方式標記過的第一手或第二手資料，將這些筆記轉載到你的數位文件中。同時要注意轉載完整的書目資料，以利識別你所標記的資料來源。

　　將這些資料整合到第〇稿上時，請同時執行以下各事項：

　　整理一下（但可別整到自己）。在轉載零碎的筆記或想法時，你可能會發現自己在改正原始筆記的錯字，或是將零碎的筆記擴展成完整的句子。如果你能在不阻礙整合進度的

情況下完成這些事，就去做吧。但目前，這是非必要的。之後還有很多時間可以完成這些事。一旦你發現自己因為嘗試重新措辭、修正、進一步詳述、闡述和潤飾文句及段落而導致整合進度變得緩慢，請提醒自己，製作第○稿只是一個隨意的、不必動腦的整合步驟。就只是把你的所有文字紀錄都放在同一個地方，如此而已。

記錄你的「自我反思紀錄」。雖然我們要求你現在不要進行任何修改，但是有一個重要的例外：在轉載和整合過程中，維持專注並且與自我「保持同步」。你仍然與那臺心電圖機相連。當你重溫早先的創作時，繼續運用內省的方式。當你整合現有筆記時，留意任何浮現腦海的新的想法或問題，並直接寫進第○稿的檔案中。這不會整到你自己；這些事永遠值得你花時間去做。

截至這個過程結束時，你將擁有一個數千個字的檔案。其內容可能看似混亂、語法錯誤、不連貫並缺乏結構。文字段落間可能充滿空白和毫無根據的推測。

就讓它呈現這樣的面貌吧。

反正，這不是最終的作品呈現。實際上，你應該盡力讓它變得混亂、沒有條理，因為這將有助於你一次性地克服寫作過程中兩種最大的阻礙：

1. 害怕被批判

2. 對空白頁面的恐懼

透過整合這份混亂至極的第○稿，你學會克服對難堪的所有恐懼——對於寫出沒有條理、不正確或不成熟作品的恐懼。有趣的是，你藉由創作你能夠想像得到最難堪、最沒條理的文件，克服了這些恐懼。然後你會發現，這個世界照常運轉。

同樣地，你根本沒有時間害怕面對白紙。你根本不會給它任何存在的機會。當你不停的複製、貼上時，你的想法讓那些挑釁著你的白淨頁面一頁一頁地消失了。也許是缺乏條理的文字，但這些仍是文字。第○稿幫助你克服對頁面的恐懼。「如果我不害怕，那麼事情會是怎麼樣的呢？」第○稿為你回答了這個問題。它不會治癒你所有寫作恐懼和困擾，卻會讓你完全沒有時間經歷最初的寫作恐懼。儘管第○稿很混亂，至少包含了以下內容：

- 關鍵的自我反思紀錄
- 扎實的個人第一手資料和第二手資料庫
- 你在第一手資料和第二手資料中找到的引文
- 關鍵圖表
- 對你的研究目標而言最為關鍵的問題

儘管看起來很混亂，卻可能包含一些精采的內容——甚至可能不少。

釐清你的初衷：寫下第一稿（Draft 1）

在完成包含你所有初期寫作成果的文件——第〇稿——之後，目前的關鍵是從第〇稿提升到第一稿，過程包括：排序、分組、校對編修、分段、下標和其他形式的編輯工作。在整個過程中，請記住這條久經驗證的經驗法則：**最好的文章和書籍不是寫出來的，而是重寫出來的。**

有時，寫作是對現有思想的體現——展現出有條理的、成熟的想法。但多數時候並非如此。寫作的本質是一種疏離、異化以及發掘的行為。這是一個把你的思想外在化的過程。你將大腦和身體中的內容轉換成陌生和新的事物，這樣你就可以以全新的眼光看待它，然後改進。「把東西寫出來」意謂著把你內心的想法拿出來橫擺在你眼前，這樣你的大腦才有些許機會對它進行批判性的思考。你沒辦法看到自己的眼睛，因為眼睛正是你用來觀看的器官。你必須將眼睛放在你面前。你不也能思考自己的腦袋，因為那就是你用來思考的所在。你也必須將大腦放在你面前，保持距離後，再來看看它。然後你可以再次吸收，然後又讓它變得疏離，一遍又一遍。這聽起來很哲學，但這正是創作第二稿、第三稿，乃第四稿的關鍵。

這就是寫作真正的運作模式。

這就是寫作真正的作用。

身為以自我為中心的研究者，你已準備好成為自己的寫作伙伴。你可以像對待其他研究者那樣，也為自己提供清晰的建議。

如同你可以輕易指出同事、同學或朋友們隱藏於含糊不清的措辭下的論點，你也可以為自己做同樣的事，並透過每一次的稿子，逐步改進你的寫作。

這不是一件容易或自然的事情。這需要付出努力，並且不斷深入且嚴謹地進行內省。到目前為止，你已經熟悉你的研究對象，更重要的是，你也對自己思考該研究對象的方式相當熟悉。現在的挑戰是，看看你在這兩種思考方式之間，是否存在著差距或不一致。如果有的話，你需要對如何應對這些問題做出判斷。

做這種判斷的關鍵在於，你在審查、修訂和拓展你的研究計畫時，要一如往常地留心觀察自我的感受。

首先，從頭到尾大聲朗讀第○稿。這麼做的同時，也請運用你在閱讀本書過程中發展出來的自我反思技巧。你要留心正在閱讀自己的作品的自己。你感到厭煩了嗎？迷失了嗎？記下來。你是否因為某個詞語運用之精準而開心？這也一樣記下來。當你閱讀這句話或那個段落時，你是否感到應該寫下什麼，或者應該尋找什麼資料呢？將這些想法寫在第○稿的相應位置上。當作者（也就是你）的論證得到證據支持時，你是否感到滿意？還是你對自己花太長時間才得出結論（即使最終你達成了）感到不滿，甚至惱怒？某個部分的行文是否太過頻繁地出現轉折或跳到新的想法，還是你的論證始終保持順暢的節奏？

當你朗讀的時候，請務必如實。做一些一般讀者在閱讀論文、文章或者一本書的時候都會做的事情：中途休息一下，去看看電子郵件，泡一杯茶或咖啡，然後回來繼續閱讀。你有辦法馬

上接上之前閱讀的內容嗎？文章的思路是否清晰？用語表達如何？總之，試著像其他讀者一樣體驗自己的創作，然後看看做為一種閱讀體驗，你的作品表現如何。

現在就試試：從〇到一

目標：透過第〇稿中整合的寫作內容進行排序、歸類和編輯等，創作一份具有（非常）粗略架構的第一稿。

以下是幫助你達成這個轉換工作的步驟：

1. **合併明顯相關的內容。**假設你已經摘錄了同一個人的三句話，但由於你在不同時間進行了這些摘錄，這些引文分散在第〇稿的不同位置上。將它們剪下並貼在一起。同樣，關於特定人物、事件或想法的筆記，也可能分散在第〇稿中的不同地方。將它們合併。你可能會發現，應該將它們重新劃分——也許你想在最終完稿的不同部分使用這三句話，但在這裡，較好的經驗法則是先將相似的內容合併起來。

2. **將所有的書目條目移至文件最後。**這是「合併相關內容」的步驟中最簡單的工作之一，也涉及到查找、剪下和重新貼上這些出現在筆記中的所有引用出處，將這些一律放到文件的最後，也就是你的作品中的參考文獻、引用著作或書目部分最終會出現的地方。將它

們放在同樣的位置，也會讓你在新增必要的隨文註、腳註和／或尾注時更方便、容易。

3. **嘗試合併可能相關的內容。** 舉例來說，假設你在筆記的不同部分之間察覺到一種可能的聯繫，但這種聯繫並不明顯也不直接。也許三份零碎的筆記似乎圍繞著共同的主題，你可能希望把它們當作你課題中的一個關鍵結構性安排。它們可能會成為你期刊論文的一節或學位論文中的一章。請將這些內容剪下並貼到文件中的同一個位置，看看會發生什麼。這樣的歸類方式是否感覺具連貫性且有說服力？是的話，請嘗試進一步發展。如果這個連接感覺不自然，那麼也可以嘗試不同的主題分類，或者暫時不管它，等你有更明確的理解，或查找到更多的第一手和第二手資料後再回來處理。

4. **在重新排列文件中的區塊時，請注意你的「自我反思紀錄」。** 當你探索可能的筆記歸類方式時，你很快就會發現，你的初稿正在形成一個初步架構。所有的素材不再是完全零散或無序了。它們逐漸有了樣貌。當你深入這個過程時，不要忽略自我反思紀錄的重要性。在歸類的時候，傾聽你的任何新想法、問題、措辭或新的觀點，並確保將這些想法寫入第一稿。接著再想想把它們放在哪些地方最為合適。你可以將它們放在啟發這些想法的特定主題群組附近；但是，如果

你發現它們在哪裡都不對，那麼只需把它們一起放在第一稿開頭或最後的部分即可。將這個地方當作收納所有雜項的「雜項文件夾」，之後再來考慮如何處理這些想法。

5. **可能的話，為這些區塊進行大致的排序。**如果文件中的某些內容看起來有點失序，請重新排序。假設說，你剛剛合併了來自同一個人的三段引文，所有的引文都來自一九二〇年代。而後你注意到，文件中位於在這一組引文前面的，是來自一九六〇年代的另一組引文。此時只需調換前後順序即可。如果有需要，你可以稍後再調動排序，但根據經驗法則，在這個階段以時間先後排序是較好的方式。同樣地，如果你發現你的三個段落都涉及相同的主題，嘗試將這些段落整合到同一個獨立的區塊中，看看會發生什麼。你現在可能還不清楚應該以何種「順序」或「序列」來安排，不過沒有關係。只是別強求：如果有一個或多個部分並不清楚應該放在哪裡，那麼就先讓它們暫時維持現狀即可。

6. **為文件的各節新增標題。**還記得我們建議你在開始拍攝電影前，先為你的電影命名嗎？這種想像力在研究過程中其實持續進行中，不僅適用於你進行中的研究的標題，也適用於當中的小節標題。因此，一旦你已經將零碎的文字素材歸類，並將之合併成章節，那麼

就可以採取進一步措施——為這些章節命名。這種作法不僅可以幫助你更有效地處理初稿，也有助於架構你的想法。

7. **發展你的寫作風格。**你的動詞是精確還是過於籠統？你的詞彙是多樣化的還是重複的？你的主張是明確的還是曖昧不明的？你是否注意到自己在連結不同概念時，經常依賴一套有限的片語、老調和手法？創作第一稿是你身為一名寫作者，開始思考如何將你想說的話轉變為寫作成果的好時機。要意識到比喻性的語言會在我們不自覺中，讓我們接受、甚至捍衛某些我們原本可能並未察覺其存在的觀點或論點。例如歷史學家經常（有時過度）使用生物學的比喻，像「成長」、「進化」、「源於」等。新手研究者為了模仿所屬領域的權威人士，往往迅速掌握這些用語，但是知名學者有時也會不加思索地使用。重要的是要意識到這些用語並不是「中性的」。它們透過一種深沉（雖是潛意識）的方式塑造思想，進而影響研究的過程和結果。檢查一下是否曾在不經意間便使用了這些語言，如果有必要，請重新調整。

8. **繼續刪除簡稱與縮寫。**你現在已經為你所屬的課題群體和領域重寫過幾次，但提高語言精確性和清晰度的過程還未結束。我們在進行第一次刪除工作時，總會有所疏漏。更重要的是，每當我們撰寫新的內容，往

往容易使用那些讓我們的研究對象和目的變得模糊、不清晰的的詞語。在重寫的過程中，務必對所謂的行話隨時保持警惕。

9. **增加腳註、尾註或其他必要的引用。** 開始系統化地追蹤你的資訊來源。如果你打算使用任何你摘錄下來的引文，現在就加上腳註，包括完整的出處。選擇一種引用格式，並在整個研究中統一使用這個格式。沒有什麼比一個漫長的研究旅程結束時，你還得花費幾個小時或幾天的時間，清理雜亂的註解更令人疲累了。

不完美，才美

有時我們會稱讚書籍、音樂、圖像和藝術品的「完美」。事實上，如果這些淨是完美的，它們會無趣到令人感到痛苦。一個「完美」的事物不需要我們。一個完美的事物，即使用倍數最大的顯微鏡，也無法在表面找到瑕疵或立足點。它不會留給我們任何進入的「管道」，因而也沒什麼好討論的。它本身已經足夠寶貴，不需要任何其他事物錦上添花了。

研究和寫作也是如此。如果你的作品自完成起就是「完美」的，那麼你就沒有留下任何可說的餘地。沒有任何需要增加或刪除、掙扎或思考之處。它無法引起共鳴。你的作品是防水的、抗批評、抗改進、抗思考的。而這真的是你想要的嗎？

若你曾經有幸遇到一件讓你感到完美的藝術品、學術研究

或創作，你可能已經領悟到這個道理：「完美」的事物之所以完美，不是因為作者，而是因為做為讀者、觀眾和聽眾的我們。

因此，研究的目的並不是要創造一件珍貴的藝術品供他人讚賞，而是要建立一個持續、不斷更新的改進和讓事物臻於完善的過程。

研究計畫有時可能已經構建得很好，有時可能是漏洞百出。想像一下海綿，在它還沒接觸到任何事物時，便充滿了孔洞；卻在接觸到世界之後，那些孔洞就被其他物質填滿並充實了。

一項研究不可能完美無瑕。但是，你可以精心打造並執行你的研究，除了提出和解答特定問題外，也可以像是一塊知識海綿，結構內部留有充足的空間，任讀者注入他們的想法：他們的問題、他們的課題、他們的案例。讓別人來優化你的研究，為他們鋪設一條進入的通道。

正如你現在所了解的，以自我為中心的研究過程的目標，以及所有內省的目的，正是為了創造讓這種優化的過程得以實現的條件。這就是為什麼——如我們一開始所說的——你將是完成這本書的人。是你得以讓它完整。

智囊團：和自己對話

現在，你已經足夠「以自我為中心」——你知道我們是以正面的角度來說這件事——以至於能夠成為你自己的智囊團。在這本書中，你從我們這裡得到很多建議。希望你也尋

求並得到其他智囊團的建議。眼下，是評估以自我為中心的研究過程中哪些部分對你有用的時機了。

　　這並不代表你現在可以拒絕外部建議。反之，截至目前為止，你應該已經與你的課題群體保持定期聯繫，並更加深入地融入你的領域裡。

　　拿出你的筆記。再看一遍這本書的目錄。將你的筆記和目錄並排閱讀，思考以自我為中心的研究過程中哪些部分對你最有用，哪些部分在未來可能有用。

　　想想以下問題：

- 我想重複哪些練習？
- 我會想修改哪些練習，使其更適合我自己的目的？
- 我認為哪些練習的設計我可以改進？
- 哪些讓我感到厭煩，為什麼？
- 我想與其他人分享哪些練習？這些練習能幫助誰？
- 我如何看待自己和領域內的同行，或是和我共享相同課題的人的關係？在這些思考方式中，哪一種思考對我最有幫助？
- 我會想要先擴展或修改哪些筆記？

歡迎來到以自我為中心的研究

透過以自我為中心的研究過程，你已經改變了自己。你現在不僅僅只是個擁有「更多技能和知識」的人。沒錯，你獲得了新的技能，你現在手中已經有一份文件，收錄了你迄今為止所寫的所有內容。是的，你有一個研究計畫的開端。但同樣重要的是，你現在已經養成了全新的以自我為中心的研究者的心態。這種心態讓你擺脫了普遍存在於研究社群中的誤解、恐懼、禁忌和不安全感。這些無非都是困擾著許多研究社群成員，或者阻止人們踏進研究領域的因素。你的中心穩固但極具靈活性，能夠有自信地、富有洞察力且和諧地與各領域的研究者互動。你不會被其他研究者的成就所威嚇，也不會因為知道自我提升是一個持續的過程而感到畏縮。

歡迎來到這一美好的生活方式！

跨出你研究之旅的下一步

在閱讀這本書的過程中，你將對研究是什麼，以及如何進行研究有了全新認識。我們希望也能說服你把研究變成一種習慣——成為你生活的一部分。你現在應該已經展開新的研究計畫。但我們希望你能超越你目前的計畫，想像一下如何將你在這本書中學到的原則和策略，應用到其他課題上。

　　你的未來在何方？再修讀一門你的領域中的課程嗎？成為一名專業研究者嗎？你有很多的可能性和機會去從事研究。

　　請注意，我們並沒有說一定要是學術研究。研究是不拘形式的。研究者的生活是豐富的、充滿成就感的，也是重要且富有批判性的——他們不只是袖手旁觀，只滿足於被動接受傳統的常識。研究者態度不僅是懷疑。畢竟，本能的懷疑和本能的輕信一樣都不可靠。研究者既保持懷疑的態度，又致力於將懷疑轉化為具體問題，然後去尋找答案。研究者有能力對他人的主張進行壓力測試和評價，這並不全然因為他們記住了所有的事實，而是因為他們了解這些主張最初是如何被建構的。而在更深層次上說，他們很清楚，這些研究問題是如何建構、並進一步粹煉而來的。

現在就試試：找到新課題，啟動新計畫

　　目標：思考其他對你有意義的課題，並想像如何將它們轉化為研究計畫，就此開始規畫你的研究前景。

　　當你找到自己的中心所在時，你就擁有了一種超能力：你能夠辨別你的課題本身是否正在改變，或者你的大腦中是否正在形成新的課題。到目前為止，我們所有的例子和練習都是在「一個人，一個課題」的假設下進行。為了簡單起見，我們假設每一名學者都有一個課題來驅動他們的研究。同樣地，我們對待課題就像數學常數一樣：它們是一種獨立變數，在時間推移中保持完全不變。

　　雖然這樣的說法可部分成立——課題可以持續存在多年，甚至幾十年，但這並不代表課題永遠不會改變，也不代表一名學者不會同時探究不同的課題。（然而，我們要再次重申我們先前的建議，如果你列出了你的「課題」，並發現其數量達到幾十個，那麼這些可能只是「興趣」或「好奇」，而不是我們在本書中所指的「課題」。在這種情況下，你可能需要回顧第二章。）

　　課題會因為人的改變而改變。隨著你的生命進程，你的課題也會發生轉變。也可能會完全消失。它也可能徘徊不去，但對你已經失去了某些影響力。出於某些難以解釋的原因，有時候曾經令我們著迷的課題，隨著時間的流逝，在回顧時會感覺微不足道。而新課題可能會出現：這些新的、持久的困擾會使你夜不能寐，日復一日、年復一年地困擾著你。我們再次重申：我們談論的課題，是有生產力和驅動性的研究重點。我們談論的是個人的困擾，而這個困擾卻可以用批判、獨立的眼光來進行分析和評價。

　　就像地球板塊在海底運動一樣，長期縈繞在腦海中的課題，其消逝和新課題的形成，可能都很難察覺。但是，身為以自我為中心的研究者，你將比大多數人都更能意識到這些微妙的變化。你現在已經有能力注意到過去的你可能會錯過的變化。

　　因此，現在你可以做的事情，是識別出第二個課題，並啟動一個全新的計畫。

　　這個建議聽起來也太特別，畢竟你的第一個研究計畫才剛起步。但此時此刻開始建立一個小型的計畫庫並不會言之過早。沒錯，你將繼續致力於當前的計畫。但是，當你需要暫停甲計畫時，或者當甲計畫完成時，你會怎麼做呢？現在，就開始提前規畫。

　　正如我們在引言中提到的，研究不是一個線性過程。這也代表同時發展多個想法和計畫是可行的，甚至是可取的。甲計畫讓你筋疲力盡，或者不知怎地這個星期就是沒動力？也許你可以將注意力轉移到乙計畫。你可能會在解決你關心的另一個課題上取得進展，同時這對你來說也可以是一種暫時的休息。

　　不過，一個課題經常會在多個計畫中體現出來。你可能會發現乙計畫與你的核心課題有關聯──也許是明確的，或者可能稍微有點偏離。同時進行幾項研究（不要太多！）可以讓你從不同的角度看待你的課題，就像在不同位置安裝的一系列相機，但都瞄準同一個對象。

　　最後，請記住：本書中的練習是可重複進行的，可以用於啟動任何新計畫，從第一個到最後一個都可以。我們自己也都會運用這些練習。無論你是大學生或是名譽教授，是菜鳥記者或是普立茲獎得主，研究過程的開端始終充滿動力、經常令人困惑，並且充滿了可能性。善用這些潛能吧。

常見錯誤

- 認為研究是一個線性過程，或者你必須先完成甲計畫，然後才能開始乙計畫
- 誤將許多你感興趣的主題視為各自獨立的課題
- 試圖同時進行太多計畫

現在就試試：幫助其他人

目標：運用以自我為中心的研究觀念、方法、技能和練習，幫助其他研究者找到他們的中心。

超越自己，就像成為以自我為中心的研究者，這不僅是你心中的想法，而是要實際付諸行動，一次又一次地進行。

當你逐漸熟悉以自我為中心的研究過程——著重於打造問題、精進問題，而不是急著回答問題——你將提升分析、理解並推進學術研究能力，不僅是你自己的學術成果，還有其他研究者的研究實踐。

想像一個保有中心所在的研究者的世界。不，不要只是想像——努力讓它成為現實。

你已準備好了。你掌握了多種讓你的研究穩穩抓住核心的技巧。你親身體會了一個多樣化的工具箱對於研究決策的價值。如果你覺得還沒有掌握某種方式，請重複練習。你有能力為其他人提供符合其需求的反饋：朋友、同事、學生，

甚至是你的指導者。

不要以為他們都經歷過你適才所體驗的過程。即使他們是有能力、有成就、傑出，甚至是卓越的研究者，也不要假設他們已經找到他們的中心所在。我們都在努力尋找自己的中心。即使同行研究者已經找到了，也請記住：中心會隨著職業生涯和生活的變化而轉移，我們都必須在生命中的某些時刻重新找回來。

那麼，你所要做的，就是應用本書概述的過程，為其他研究者的生命帶來改變。當你閱讀他們的論文，或聆聽他們的說明時，問問自己：

- 他們是否犯了常見錯誤——「試圖讓自己聽起來很聰明」？

- 他們是否將自己的動機隱藏在專業用語、華麗的詞藻，或是「文獻中的缺口」這類說詞的背後？

- 他們是否能夠以一種清楚明瞭的方式表達其研究重點，引發你做為聆聽者內心的困惑，即使你對他們的案例毫無興趣，卻仍能敏銳地理解他們所面臨的課題？

- 他們是否知道自己的課題群體對象是誰，以及他們在哪裡？

- 他們是否讓最重要、最關鍵的見解，湮沒在其研究中的某個地方？

　　在閱讀他們的研究提案、摘要或大綱時，你是否順利地受到引領，還是你迷失在資料和專業用語當中？你是否感覺你獲邀成為這個課題的一部分，或者你是否發現自己困在專業用語、模糊的人物和事件，以及缺乏解釋的簡稱與縮寫之中？

　　隨著你分析自己研究的能力加深，幫助其他人相對更是輕而易舉。

　　簡而言之，你已準備好成為他人的智囊團。我們認為你也應該如此。

　　如果你不確定，如何透過這種方式幫助其他人，以下是幾種現成的方式：

- **寫作伙伴／工作坊**：成員之間相互提供真誠的評論，評價彼此正在進行中的作品。不如，你自己成立一個！
- **稿件審查**：這是對尚未發表的學術研究的保密審查，是為兩種受眾所撰寫：其一是決定是否發表特定作品的期刊或出版社編輯，其二是該作品的作者。審查的目的是針對正在進行中的書寫工作，提供建設性的批評，並提出作品是否符合出版品質標準的評判。
- **現況評論書評**：對已發表的學術著作的公開評價，由具名評論者撰寫。這些文章針對某項研究的具體優缺點提出意見，並解釋其對研究領域的貢獻。

- **領域現況概述**：這類文章指出該領域的當前趨勢，並總結和評價幾項學術著作對回答其問題與解決其課題上的貢獻。這些文章更著重概念性或觀念層次上的綜合評論，對特定研究的評價則是次要的。

- **會議和工作坊報告**，根據現況，可以是正在進行的研究或已完成的研究。通常，研究者總結他們的成果，隨後由討論人（或小組）進行評論，並由聽眾發表評論或提問。

- 還有更多方法，請至whereresearchbegins.com查看。

透過參與這些活動，你可以為研究的進展做出貢獻。幫助你的領域同儕。幫助你研究群體中的伙伴。

成為我們的智囊團。

請與我們聯繫。你可以透過分享你的經驗和想法來幫助我們。以自我為中心的研究過程對你有何影響？你是否成功根據自身的需求來調整或修改過任何練習？我們歡迎你提出改善的建議。正如同我們一直強調的，研究是一個彼此合作和持續不斷的過程。這本書只是擴大研究社群的努力當中的一小步。

願你能像我們一樣，堅持長期參與研究的旅程。

致謝

本書的成書歷經了十八年的醞釀。

在此期間，我們積欠了難以估算的恩情，如果要完全表達我們的感謝，所需的頁數可能比你方才讀過的內容還多。簡而言之，我們想要感謝我們的家人，特別是Chiara和Julie；我們無論是在近處或在遠方的同事，特別是老友及繁體版譯者許暉林；芝加哥大學出版社的優秀團隊，尤其是Karen；做為朋友與合著者，我們也應該感謝彼此！

我們將本書獻給我們的學生，不只是史丹佛大學和英屬可倫比亞大學的學生，也包括紐約哥倫比亞大學的學生。哥大是我們自學生時代起相遇並首次走進課堂擔任教師的地方。

然而，這不是終點。我們希望《研究的起點》將為你和我們思考、討論、教學和進行研究的方式開創一個嶄新的起點。

我們希望你能夠加入我們的行列。事實上，透過閱讀本書，你已經做到了。

為此，謝謝你。

延伸閱讀

　　以下是我們在思考研究理念和方法方面有所幫助的書籍和文章清單。你可以在whereresearchbegins.com上找到一份更長的清單，其中也附有註釋和推薦。

Booth, Wayne C., Gregory G. Colomb, Joseph M. Williams, Joseph Bizup, and William T. FitzGerald. *The Craft of Research*. 4th ed. Chicago: University of Chicago Press, 2016.（中文版：《研究的藝術》。陳美霞、徐畢卿、許甘霖譯。台北：巨流圖書有限公司，二〇〇九）

Caro, Robert A. *Working: Researching, Interviewing, Writing*. New York: Knopf, 2019.

Eco, Umberto. *How to Write a Thesis*. Translated by Caterina Mongiat Farina and Geoff Farina. Foreword by Francesco Erspamer. Cambridge, MA: MIT Press, 2015.（中文版：《如何撰寫畢業論文：給人文學科研究生的建議》。倪安宇譯。台北：時報出版，二〇一九）

Gerard, Philip. *The Art of Creative Research: A Field Guide for Writers*. Chicago: University of Chicago Press, 2017.

Graff, Gerald, and Cathy Birkenstein. *They Say/I Say: The Moves That Matter in Academic Writing*. New York: W.W. Norton, 2018.（中文版：《全美最強教授的17堂論文寫作必修課：150句學術英文寫作句型，從表達、討論、寫作到論述，建立批判思考力與邏輯力》。丁宥榆譯。台北：EZ叢書館，二〇一八）

索引

Where Research Begins: Choosing a Research Project That
Matters to You (and the World)
© 2022 by Thomas S. Mullaney and Christopher Rea
Licensed by The University of Chicago Press, Chicago, Illinois,
U.S.A.
Traditional Chinese translation copyright © 2023 by Rye field
Publications, a division of Cité Publishing Ltd.
This edition is published by arrangement with The University of Chicago Press through Chinese Connection Agency.
All rights reserved.

國家圖書館出版品預行編目（CIP）資料

研究的起點：從自我出發，寫一個對你（和世
界）意義重大的研究計畫／墨磊寧（Thomas S.
Mullaney）、雷勤風（Christopher Rea）著；許
暉林譯. -- 初版. -- 臺北市：麥田出版，城邦文
化事業股份有限公司出版：英屬蓋曼群島商家
庭傳媒股份有限公司城邦分公司發行, 2023.12
　　面；　　公分
譯自：Where Research Begins: Choosing a Research
　　Project That Matters to You (and the World)
ISBN 978-626-310-575-1（平裝）

1.CST: 研究方法　2.CST: 論文寫作法

501.2　　　　　　　　　　　　　112017546

研究的起點
從自我出發，寫一個對你（和世界）意義重大的研究計畫
Where Research Begins: Choosing a Research Project That Matters to You (and the World)

作　　　者／墨磊寧（Thomas S. Mullaney）、雷勤風（Christopher Rea）
譯　　　者／許暉林
特 約 編 輯／劉懷興
主　　　編／林怡君

國 際 版 權／吳玲緯　楊靜
行　　　銷／闕志勳　吳宇軒　余一霞
業　　　務／李再星　陳美燕　李振東
總 編 輯／劉麗真
事業群總經理／謝至平
發 行 人／何飛鵬
出　　　版／麥田出版
　　　　　　台北市南港區昆陽街16號4樓
　　　　　　電話：(886)2-2500-0888　傳真：(886)2-2500-1951
發　　　行／英屬蓋曼群島商家庭傳媒股份有限公司城邦分公司
　　　　　　台北市南港區昆陽街16號8樓
　　　　　　客服服務專線：(886) 2-2500-7718、2500-7719
　　　　　　24小時傳真服務：(886) 2-2500-1990、2500-1991
　　　　　　服務時間：週一至週五09:30-12:00・13:30-17:00
　　　　　　郵撥帳號：19863813　戶名：書虫股份有限公司
　　　　　　讀者服務信箱E-mail：service@readingclub.com.tw
麥 田 網 址／https://www.facebook.com/RyeField.Cite/
香港發行所／城邦（香港）出版集團有限公司
　　　　　　香港九龍土瓜灣土瓜灣道86號順聯工業大廈6樓A室
　　　　　　電話：(852)2508-6231　傳真：(852)2578-9337
馬新發行所／城邦（馬新）出版集團 Cite (M) Sdn Bhd
　　　　　　41, Jalan Radin Anum, Bandar Baru Sri Petaling, 57000 Kuala Lumpur, Malaysia.
　　　　　　Tel: (603)90563833　Fax: (603)90576622　Email: services@cite.my

封 面 設 計／倪旻鋒
印　　　刷／前進彩藝有限公司

■2023年12月　初版一刷
■2024年8月　初版四刷

定價：390元
ISBN 978-626-310-575-1